華志文化

華志文化

活用心理學

99% 的人絕對會改變現況

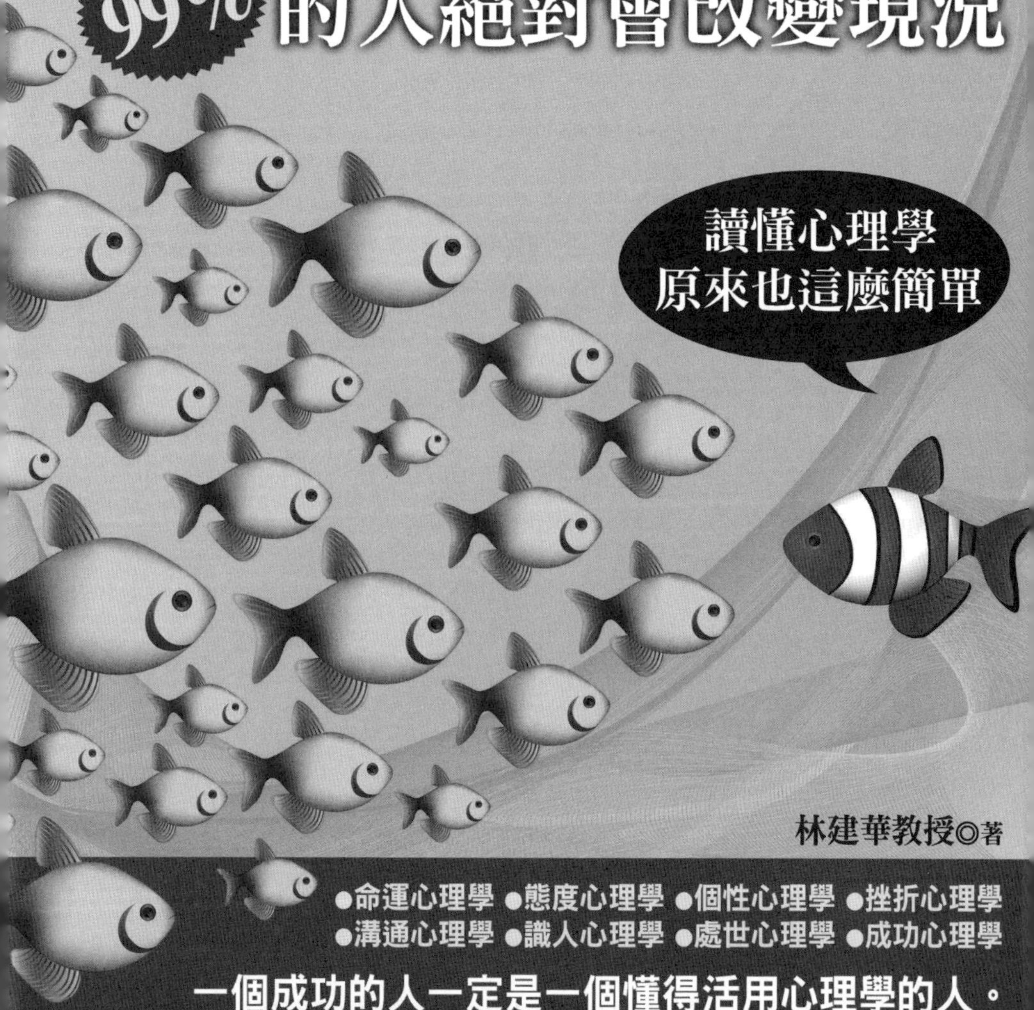

林建華教授◎著

●命運心理學 ●態度心理學 ●個性心理學 ●挫折心理學
●溝通心理學 ●識人心理學 ●處世心理學 ●成功心理學

一個成功的人一定是一個懂得活用心理學的人。

做人如果懂得活用心理學，不但利己，更能利他，而利他的同時更能使自己受益，可謂一舉兩得。本書以趣味性的語言代替了枯燥的說教，以生動的生活案例替代了空洞的言論，是一本真正從生活細節、做人細微處，幫助我們活用心理學成功做人。讓我們以品鑑的眼光、品學的思想、品評的心態，開始我們的心靈盛宴。

前言

在當今這個紛繁複雜的社會中，我們如何做人才能成功？如何做事才能完美？不少人認爲，人，是最不容易交往的，所以做人是最難的。幾乎所有指導做人做事的言論都是一句話——先做人後做事，可見做人的重要性。說做人難，是因爲我們所生活的社會是一個複雜的群體，每天我們要面對形形色色的人，如果沒有一個智慧的做人思考，那麼我們每天都將會被這種種複雜的人際關係所纏繞，煩惱重重，無法解脫。

其實，如果你懂得做人的心理學，做人也不難。以不變應萬變，不變的就是你做人的藝術性。做人的藝術性就在於你是否能夠很好地把握做人的心理學，如果把握好做人的心理學，那麼你將會從容地面對萬變的人際關係，成爲一個被眾人推崇的做人成功的人士，並會被競相仿效。如果做人成功，那麼做事完美也就不是什麼難事了。

心理學早已被那些各領域的專家應用到我們生活的各個方面。當我們正在被心理學的那些理論所左右而不知如何運用的時候，當我們正在用心理學去觀察審視別人的時候，您是否想到要用心理學幫助自己成功做人呢？

做人要懂心理學，懂得心理學，不僅僅是觀察別人，其實更重要的是觀察自心，用心理學改變自己的爲人思想，指導自己的做人理念，進而左右自己的行爲。一個成功的人一定是一個懂得做人心理學的人。懂得做人的心理學，他就是一個掌握了最佳人脈的成功者。

懂得做人的心理學能幫助我們無論在工作還是生活中，用最佳的心理態度端正自己，對待別人。端正自己，是讓自己無論處在任何情況下都能以健康良好的心態處理自己生活中所遇到的一切，無論是幸運的還是不幸的。對待別人，是以正常的心理態度與他人交往，在與別人交往的同時，觀照自心，處處與人方便。與人方便其實就是與己方便。

懂得做人的心理學，不但能正確指導我們在家庭中如何扮演好自己的角色，還能指導我們在社會人際交往中如何成爲最受歡迎的人。

做人如果懂得心理學，不但利己，更能利他，而利他的同時更能使自己受益，真可謂一舉兩得。

本書以趣味性的語言代替了枯燥的說教，以生動的生活案例替代了空洞的言論，是一本真正從生活細節、做人細微處幫助我們用心理學成功做人。讓我們以品鑑的眼光、品學的思想、品評的心態開始我們的心靈盛宴吧。

*目錄

第八章　成功心理學——樹立鴻鵠之志，激發無限的潛能

有了夢想，我們幸福的旅程才能開始啟航；

有了夢想，我們的人生才會有真正的目標；

有了夢想，我們的生活才會有豐富的動力。

第一章

命運心理學——
操控幸福航向，做命運之船的舵手

現代人常常背負著來自社會各方面的壓力，是身心均被束縛的社會可憐人。我們常常慨歎命運對我們的不公，常常讚歎甚至忌妒那些成功人的好命。但是，命運不是上天賜予的，而是我們自己創造出來的。為什麼我們不運用命運心理學來掌控自己的命運呢？運用命運心理學，操控我們人生幸福的航向，讓我們自己來做自己命運之船的舵手，將命運心理學貫穿到我們的整個人生，讓命運之船承載著我們，無論在人生的哪個驛站，都能領略到最美的風景。

現代人常常背負著來自社會各方面的壓力，是身心均被束縛的社會可憐人。我們常常慨歎命運對我們的不公，常常讚歎甚至忌妒那些成功人的好命。但是，命運不是上天賜予的，而是我們自己創造出來的。爲什麼我們不運用命運心理學來掌控自己的命運呢？運用命運心理學，操控我們人生幸福的航向，讓我們自己來做自己命運之船的舵手，將命運心理學貫穿到我們的整個人生，讓命運之船承載著我們，無論在人生的哪個驛站，都能領略到最美的風景。

（一）找到夢想，幸福旅程的第一站

夢想，我們每個人都有，也都應該有。找到夢想，就等於踏上了幸福旅程的第一站。我們始終都要懷抱夢想，如果沒有夢想，我們的生活還有什麼意義呢？有了夢想，我們幸福的旅程才能開始啓航；有了夢想，我們的人生才會有目標；有了夢想，我們的生活才會有不斷豐富的動力。夢想是我們幸福的航站，是我們人生的源動力，是我們人生的奮鬥目標。

在加拿大一個普通家庭，有這樣一個普通男孩，因爲一個夢想，而開闢了一項慈善事業，他就是瑞恩。五年前的一天，這個一年級的小學生，聽老師講非洲的生活狀況：孩子們沒有玩具，沒有足夠的食物和藥品，很多人甚至喝不上潔淨的水，成千上萬的人因爲喝了受污染的水死去。我們的每一分錢都可以幫助他們：一分錢可以買一支鉛筆，六十分夠一個孩子兩個月的醫藥開銷，二塊錢能買一條毯子，七十塊錢就可以幫他們挖一口井……

六歲的小瑞恩深受震驚，爲非洲的孩子捐獻一口井的願望成了他強烈的夢想。但他的媽媽並沒有像我們的某些家長一樣直接給他這筆錢，也沒有把它當成是小孩子頭腦發熱一時興起的衝動。媽媽讓他在所承擔的正常家務之外自己賺：哥哥和弟弟出去玩，他吸了兩小時地毯賺了二塊錢；全家去看電影，他留在家裡擦玻璃賺到第二個二塊錢；幫爺爺撿松果；幫鄰居撿暴風雪後的樹枝……

他堅持了四個月，終於賺夠了七十塊錢，交給了相關的國際組織。然而人家告訴他：七十元只夠買一個水泵，挖一口井要二千塊。瑞恩的夢想只得繼續。一年多以後，透過家人和朋友的幫助，他終於籌集了足夠的錢，在烏干達的安格魯小學附近捐助了一口水井。

事情到此並沒有結束，因爲有很多的人喝不上乾淨水。因此，他想籌錢買一台鑽井機，以便更快地挖更多的水井，讓每個非洲人都喝上潔淨的水成了瑞恩的夢想。他堅持了下去。

五年後，這個六歲孩子的夢想竟成爲千百人參加的一項事業，「瑞恩的井」基金會籌款已達七十五萬加元，爲非洲八個國家建造了三十口井。這個普通的男孩，也被評選爲「北美洲十大少年英雄」，被人稱爲「加拿大的靈魂」，影響著越來越多的人去關愛和幫助他人。

瑞恩，因爲一個小小的夢想，爲非洲的千百萬人解決了喝水的問題。瑞恩因爲找到了自己的夢想，成功地踏上了自己幸福旅程的第一站，並且在這之後的數個航站中，都能堅持夢想不放棄，終於走向了那不同於他人的美麗人生旅程。因爲有了夢想，瑞恩才在幫助他人的行爲中發現了自己的人生價值，並且讓這個人生價值不斷地增值。在每一個夢想實現的時候，也是下一個夢想的開始，瑞恩就是這樣在堅持不懈地幫助他人的時候，在不斷地成功實現自己理想的同時，成就了許多人的美好善願，也在讓更多的人參與到自己理想實現的過程中，讓更多的人實現了他們的人生價值。

所以，我們千萬不可小看夢想的威力，也不可輕易放棄我們的夢想，因爲我們不知道夢想的背後將會帶給我們怎樣的幸福旅程。

找到夢想，開始我們人生幸福旅程的第一站。找到夢想，然後開啓我們的幸福旅程，讓夢想成爲我們幸福旅程的方向旗幟，你的夢想將會使你歷經人生的種種勝境。

在三藩市貧民區有一個叫辛普森的小男孩，雖然身患重症，卻因爲找到了屬於自己的人生夢想，從而完成了他的幸福人生旅程。辛普森因爲營養不良又患有軟骨症，六歲的時候，雙腿便嚴重萎縮成弓形。但殘缺的身體從未讓他放棄心中的夢想，他的願望是有一天能成爲美式足球的明星球員。

他從小就是美式足球傳奇人物吉姆．布朗的忠實球迷，只要吉姆所屬的克里夫蘭布朗斯隊來三藩市比賽，辛普森一定會跛著腿，辛苦地走到球場，爲心目中的偶像加油。

由於家境貧窮，買不起門票，辛普森總是等到比賽快結束時，從工作人員打開的大門中溜進去，欣賞最後幾分鐘比賽。

有一次，布朗斯隊和三藩市四九人隊比賽結束後，在一家冰淇淋店裡，他終於有機會和心目中的偶像吉姆．布朗面對面接觸，而那也正是他多年來最興奮、最期待的一刻。他大方地走到這位球星的前面，大聲說：「布朗先生，我是您忠實的球迷！」吉姆．布朗和氣地向他說了聲謝謝，辛普森接著又說：「布朗先生，我想跟您說一件事……」吉姆．布朗轉過頭來問：「小朋友，請問是什麼事呢？」辛普森以一副驕傲的神態說：「我清清楚楚地記著您所創下的每一項紀錄和每一次的攻防！」吉姆．布朗開心地回應著，滿臉笑容地拍拍他的頭說：「孩子，真不簡單。」這時，辛普森卻挺起胸膛，眼裡閃爍著熾烈的光芒，充滿自信地說：「不過，布朗先生，有一天我要打破您所創下的每一項紀錄！」

聽完小男孩的話，這位體育大明星微笑著說：「哇，好大的口氣，孩子，你叫什麼名字？」小男孩得意地說：「奧倫索，我的名字叫奧倫索．辛普森。」

小辛普森懷著偉大的夢想，後來不僅打破了吉姆．布朗所創下的所有紀錄，更刷新了許多新的紀錄。

小辛普森雖然身體殘疾，但是心理卻是非常健康的。身體上的殘疾並不能影響他實現自己的夢想，他用這夢想，完成了一次次人生挑戰，不斷地爲自己的人生增添豐富的色彩。他以自己的夢想，開啓了自己人生幸福旅程的第一站，而後爲了實現夢想而踏實追夢，讓夢想在人生旅程中綻放幸福的光華，爲自己的人生畫上了圓滿的句號。

可以說，我們每個人從小開始就有很多夢想，但又有多少人真正實現了自己的夢想呢？沒有實現夢想，是因爲我們沒有找到屬於自己的夢想，只有找到夢想，才能開始幸福旅程的第一站，才能開始多彩人生的啓航。爲了實現這一夢想，我們要不斷地去豐富和完善我們的人生旅程，讓這個幸福的旅程不斷地帶給我們驚喜和精彩。

每個人的一生中都會有許許多多的夢想，但是你找到屬於自己的夢想了嗎？你是否已經在夢想的指引下踏上了屬於自己的幸福旅程？找到夢想，找到幸福旅程的第一站，讓我們開始出發吧！

（二）命運，從不會因幾滴眼淚而改變

命運之神對每個人都是平等的，每個人得到的機會也都是均等的，當我們因慨歎自己的命運不佳而自怨自艾的時候，不如擦乾眼淚，用勇氣和智慧改寫我們的命運。因爲命運，從不會因幾滴眼淚而改變。

既然命運不相信眼淚，那就做一個敢於向命運挑戰的人。

著名的音樂家貝多芬就是這樣一個敢於向命運挑戰的人。他的一生可謂命運多舛，但是他從來都不認爲命運會因爲幾滴眼淚而改變，他的一生就是向命運挑戰的一生。

貝多芬從一出生就開始了他與命運的抗爭。父親想開拓他的音樂天賦，總是把他當作神童一樣四處炫耀。四歲的時候，父親就讓他整天坐在鋼琴前，或是把他和一把提琴

一起關在一間屋子裡，總是用暴力強迫他學習。十一歲時，貝多芬加入了戲院的樂隊。十三歲時，他當上了大風琴手。他總算能夠不厭惡音樂，這是非常幸運的事了。

貝多芬將近而立之年時就有了失聰的先兆，快到五十歲時已經完全耳聾。他不再登台演出，甚至變得更加孤獨怪癖。他並不像先前那樣多產，而且作品也給人以曲高和寡之感。那時，他主要是爲自己和一些理想中的未來觀眾而作曲。貝多芬的晚年可以說是他一生中最悲慘、最痛苦的年月，孤寂和貧困的威脅使他窮愁潦倒，孑然一身，於一八二七年三月二十六日病逝於維也納。據說在他臨終的那一刻，暴雨傾盆，雷電交加，貝多芬舉起乾枯的手臂向天空做最後的奮擊。這種生命不息，戰鬥不止的精神，全部貫注在他那些不朽的鉅作中。

如果說這位超乎時空的最富天才的作曲家飽嘗了失聰的辛酸，不如說那就是對命運的一種最無情的嘲弄；如果說貝多芬不顧失聰的痛苦，以一種超人的毅力繼續保持作品的品質，那麼這將是一種鼓舞人心的、近乎令人難以置信的成就。但是事實比想像的還要出人意料：實際上貝多芬在完全失聰的歲月裡，譜寫出的樂章超出了他早期作品的水準，人們認爲他在晚年創作的作品是他一生中最偉大的傑作。

貝多芬從不向命運低頭，從來不會在多磨難的命運面前流淚，相反卻始終以倔強的性格迎接命運的數次挑戰。正是因爲這種對命運的抗爭性，才有了他一生的輝煌成就，而且至今，他的不朽作品仍爲世人所稱歎。

命運，從不會因幾滴眼淚而改變，命運是最不能靠眼淚來征服的。只有敢於向命運挑戰，才能戰勝命運，從而成爲自己人生的主宰。在人生旅途中，我們總會不可避免地遇到命運給我們的意外禮物，這個禮物大多都是不幸。然而，如果我們有一個堅強的意志，敢於向命運挑戰，最終它所給你的就是你人生命運的豐厚獎賞，如果我們在這個禮物面前低頭怯懦，就會與這個禮物失之交臂。我們是否能得到命運之神的獎賞，關鍵在於我們是否有一顆堅定的不向命運低頭的勇敢抗爭的心。

世界著名科學家霍金，就是一個雖被命運殘酷折磨卻以永不屈服的精神創造一系列科學奇蹟的人。十七歲時，霍金考取了著名的牛津大學，二十一歲時，卻患上了萎縮性脊髓側索硬化症。醫生說他至多只能活兩年半。就像正要開放的花朵遭到嚴重的打擊，霍金的人生面臨著嚴峻的挑戰。

如果他在命運面前軟弱一下，就可能痛苦地生活，平庸地消失。但是，霍金對自己說：「時間只有兩年半，不算多，要努力做些有意義的事，讓生命留下一點輝煌。」疾病不斷地向他進攻，他的病情漸漸加重，肌肉一天天地萎縮下去，走路越來越不穩，連站立也變得困難起來。爲了與咄咄逼人的病魔鬥爭，他努力鍛鍊，堅持靠自己的力量上樓。腿的力量弱了，他就用手拉著扶手艱難地走上樓去。

病情不斷地加重。霍金終於站立不住，坐上了輪椅。他的手指失去了活動的能力，十個手指中，只有兩個還能活動。一九八四年，他說話已經相當困難，吐字不清，說幾個詞要花好長時間。一九八五年，他又得了肺炎，治療時切開了氣管，從此就再也不能發聲。後來，人們爲他在輪椅上安裝了一台電腦和語音合成器。他用僅有的兩個完好的手指在鍵盤上敲出要說的詞，組成相應的句子，經過語言合成器發出聲音來。他就用這個辦法進行學術交流，做學術報告。

在他的挑戰面前，命運好像有所退卻，一個兩年半過去了，又幾個兩年半過去了，他還是堅強地活著。霍金向命運的挑戰，不僅僅是指他能活著，更是指他的創造。雖說他的身體一刻也沒有離開過輪椅，但是，他的思維卻飛出了地球，飛出了太陽系，飛出了銀河系，飛到了上百億光年外的宇宙深處，飛向了神祕莫測的黑洞。他在大腦中想像著，論證著，推理著，計算著。他思考著宇宙從什麼時候開始，時間有沒有盡頭。他發現了黑洞的蒸發性，推論出黑洞的大爆炸，還建立了一種非常美的科學的宇宙模型。

霍金成了偉大的天體物理學家。他寫的科學著作《時間簡史——從大爆炸到黑洞》

風行世界。他被選爲皇家學會會員，成爲只有像牛頓這樣的大科學家才能躋身的盧卡遜數學講座的教授。霍金不僅以他的成就征服了科學界，也以他頑強搏鬥的精神征服了世界。

一個人雖然擁有聰明才智，但不一定能發揮出來，因爲命運帶給你的並不總是一帆風順，更多的是人生中難以抗拒的風風雨雨。要想讓自己的一生不沒沒無聞，要想在自己有限的生命中取得卓越的成就，就需要一種精神，一種不怕失敗，不怕困難，敢於向命運挑戰的精神。命運，從不會因幾滴眼淚而改變，要想改變命運，只有靠自己不斷地向命運勇敢挑戰，這樣你才能走出與別人不一樣的人生。

（三）信心，命運之樹上最漂亮的裝飾物

在與命運抗爭的同時，更重要的是要對自己有信心。你要永遠記住：信心是你命運之樹上最漂亮的裝飾物。一個人，只有充滿信心，才能在命運的幸福樹上裝點最美麗的飾物。可以說，信心是我們人生路上最強有力的原動力，信心是我們前進道路的指明燈，有了信心，我們的人生旅途才會有無窮的動力。

我們周圍，有很多這樣普通的人以堅定的信心改寫自己命運的故事。信心不但是我們命運之樹上最漂亮的裝飾物，還是我們人生中照亮成功道路的一束陽光，更是促進成功的催化劑。擁有自信心態的人更容易讓人相信他們的能力，因而也會得到更多的鍛鍊機會，使他們成爲更有能力的人。

信心足以改變自己的命運，信心不是別人能給予的，而是完全來自於內心深處對自己的那份肯定，這種力量足以讓別人對你刮目相看。如果自己都沒有信心，那別人怎麼可能會看好你呢？

凡事相信「我能行」的人，正是那些遇到困難能相信自己的人。如果你有信心，你對前途就不猶豫了。如果你有勇氣，你就不怕前途是否有困難或危險了。

在一場國家奧林匹克比賽的決賽上，米奇爾．斯通面臨著他撐竿跳高生涯中最富挑戰性的時刻。橫竿定在十七英尺，比他個人的最好成績高三英寸。

飛到二層樓那麼高這種想法，對於觀看這項比賽的任何人來說都是一個夢想。而這不但是米奇爾的現實與夢想，也是他的追求。

米奇爾從記事起就夢想著飛翔。從十四歲起，他就開始了周密的舉重訓練。他練一天舉重，隔一天練跑步。訓練計畫是由教練也就是他的父親細心制訂的，米奇爾的執著、決心和嚴格訓練都是父親一手調教的。米奇爾是個優秀的學生，又是獨子，他爲完美而奮力拚搏的這種堅持不懈的精神，不但是他的信念，更是他的熱情。米奇爾的父親總是說：想要得到，就必須努力。

他知道最後的時刻來臨了，只要跨過這個高度就可以穩獲冠軍。他拿起撐竿，穩穩站定，踏上他運動生涯中最具挑戰性的跑道。他感到劇烈的緊張和不安，突然想起母親常告訴他此時需要做一下深呼吸。他照做後，把撐竿輕輕地置於腳下。

全速助跑後，一切都順理成章，他飛了起來。他跳越了十七英尺六．五英寸的高度——一項全國乃至世界的青年錦標賽紀錄。

鮮花、獎金和傳媒的關注將改變米奇爾日後的生活。這一切不只是因爲他贏得了全國青年賽的冠軍並打破一項新的世界紀錄，也不是因爲他把自己的最好成績提高了九．五英寸，而是因爲米奇爾．斯通是個盲人。

不可否認，成功者都是那些對自己抱有堅定信念、相信自己一定能成功的人。從小時候想要飛翔的夢想到日復一日嚴酷的訓練，米奇爾．斯通無時無刻不在努力著，他在堅定的信念支持下，相信自己一定能夠實現夢想，才擁有了無窮的力量去克服身體上的殘疾和訓練的痛楚。他心中只有一個信念，那就是「我想飛翔，我能飛翔」。同樣，其他的成功者也正是在各自信念的支撐下，才能夠走過千難萬險，最終實現夢想。對他們來說，支持自己前進的偉大動力，是耀眼的夢想，更是堅信自己能夠實現夢想的信心。

可以說，信心是你走向成功的最有力的保證。生活就是這樣，有時決定你成敗的不是能力的高低，而是你是否有信心，是否相信自己「我能行」。

假如你面對巨大的挑戰感到很困難，你是否會缺乏信心？但如果你知道自己有強大的後盾，最後的成功將是必然，你是否會變得信心百倍？

智者往往很自信，他們從來不內疚、自責。他們有強烈的競爭意識，可以抓住每個萬分之一的機會，享受著成功的愉悅。愚者缺乏自信，做事沒有熱情，他們會爲小小的過失懊悔不已，更不敢同別人競爭，他們生活在自己狹小、陰暗的心理空間之中，沒有快樂可言。一個真正擁有自信的人，不會讓自己的人生隨波逐流，他們會扼緊命運的喉嚨，成爲生命的主人。

每個人都有自己的命運之樹，命運之樹的裝點靠自己的能力和智慧，還有信心。用信心來裝點我們的命運之樹，才能讓命運之樹常青，讓命運之樹永遠茁壯。

（四）不做命運的主人，就會淪為命運的僕人

每個人的命運各不相同，你是想成爲命運的主人還是淪爲命運的僕人，相信每個人的內心都有自己的一個標準。相信每一個人都會充滿豪情地說：「我要做命運的主人，不要做命運的僕人。」但是，當真正在人生路途上遇到命運對自己的挑戰時，又有多少人能真正成爲命運的主人，而不是淪爲命運的僕人呢？要想做命運的主人，需要的不僅是豪情，更需要勇氣和智慧。

一場由雷電引發的山火，將保羅．迪克剛剛從祖父手中繼承的美麗的「森林莊園」化爲灰燼。面對焦黑的樹樁，保羅欲哭無淚。年輕的他不甘心百年基業毀於一旦，決心傾其所有也要修復莊園，於是他向銀行提交了貸款申請，但銀行卻無情地拒絕了他。接下來，他四處求告親友，卻沒有一個人向他伸出援助之手。所有可能的辦法全都試過了，保羅始終找不到一條出路。他知道，自己以後再也看不到那鬱鬱蔥蔥的樹林了。他的心在無盡的黑暗中掙扎。爲此，他的眼睛熬出了血絲，整天閉門不出，茶飯不思。過了一段時間，年逾古稀的外祖母獲悉此事，意味深長地對保羅說：「孩子，莊園成了廢墟並不可怕，可怕的是你的眼睛一天天地老去，失去了光澤。一雙沒有光澤的眼睛，怎

麼能夠看得見希望呢？」

保羅在外祖母的勸說下，一個人走向莊園，走上深秋的街道。他漫無目的地閒逛著，在一條街道的拐角處，他看見一家店舖的門前人頭攢動。他走了過去，原來是一些家庭主婦正在排隊購買木炭，那一塊塊木炭讓保羅眼睛一亮，他看到了一絲希望。在以後的兩個多星期裡，保羅雇了幾名燒炭工，將莊園裡燒焦的樹加工成優質的木炭，分裝成箱，送到集市，結果被搶購一空，他得到了一筆不菲的收入。不久，他用這筆錢買了一大批樹苗，一個新莊園又初具規模了，幾年以後，「森林莊園」再度綠意盎然。

試想，如果保羅當時就此消沉下去，被命運所控制和掌握，那他就不會再次擁有美麗的「森林莊園」。而保羅毅然堅持與命運較量，終於峰迴路轉，找到了挽救自己和「森林莊園」的絕好機會。所以說，命運其實對每個人都是公平的，關鍵在於我們自己如何把握。是勇敢地做命運的主人還是懦弱地淪爲命運的僕人？一切都取決於我們自己。

如果你自己都沒有信心來做自己的主人，又怎能指望他人幫助你呢？如果你自己只想軟弱地服從命運的安排，遇到一個小小的逆境就被徹底打倒，那即便是神仙也無法搭救你。做人當自強，只有自己不做命運的僕人，那命運自然不會壓垮你，自然也會服從你，讓你成爲它的主人。所以說，只有自己才是命運的主宰者，任何人都無法主宰你的人生命運，你的命運掌握在自己的手中。

人生不會總是一帆風順，人生的道路不會一路平坦，每個人都一樣。有歡樂也就有痛苦，有幸福也必有考驗，關鍵是遇到挫折時採取怎樣的態度。無論遇到什麼，都要有樂觀的態度，用積極的精神，飽滿的鬥志奮鬥到底，冷靜而熱情地以智慧與毅力化解困難。

著名的奧斯卡獲獎影片《阿甘正傳》裡所描寫的弱智人阿甘，正是因爲執著地做自己命運的主人，才創造了自己人生中的數次奇蹟。

阿甘出生在美國南方阿拉巴馬州一個閉塞的小鎮。他先天弱智，可是他的媽媽卻是一個性格堅強的女性，她要讓兒子和其他正常人一樣生活。她常常鼓勵阿甘「傻人有傻福」，要他自強不息。而上帝也並沒有遺棄阿甘，他不僅賜予阿甘疾步如飛的「飛毛腿」，還賜給了他單純正直、不存半點邪念的頭腦。

在上學的校車裡，阿甘與金髮小女孩珍妮相遇，從此，在媽媽和珍妮的愛護下，阿甘開始了他一生不停地奔跑。在中學時，阿甘爲了躲避同學的追打而跑進了一所學校的橄欖球場，就這樣跑進了大學。在大學裡，他被破格錄取，並成了橄欖球巨星，受到了甘迺迪總統的熱情接見。

大學畢業後，在一名新兵的鼓動下，阿甘應徵參加了越戰。在一次戰鬥中，他所在的部隊中了埋伏，一聲撤退令下，阿甘記起了珍妮的囑咐，撒腿就跑，他的飛毛腿救了他一命。

戰爭結束後，阿甘作爲英雄受到了詹森總統的接見。作爲乒乓球運動外交的使者，阿甘還到中國參加過乒乓球比賽，並爲中美建交立了功。在「說到就要做到」這一信條的指引下，阿甘最終闖出了一片屬於自己的天空。他教「貓王」艾維斯．普利斯萊學跳舞；幫約翰．藍儂創作歌曲；在風起雲湧的民權運動中，他瓦解了一場一觸即發的大規模種族衝突；他甚至在無意中迫使潛入水門大廈的竊賊落入法網……

因爲「傻人有傻福」，阿甘還陰差陽錯地發了大財，成了百萬富翁。而阿甘不願爲名利所累，他做了一名園丁。阿甘仍然用他執著的精神感動著他一直深愛著的珍妮，終於獲得了珍妮的芳心，並且讓自己的生命得到了延續。

阿甘把自己的這種做命運主人的執著精神又傳遞給了兒子。不但他自己成了世界的奇蹟，而且影響了一個時代人們的精神世界。

從中我們可以看出，其實人類從未被命運所擊敗，反而是自己打敗了自己。那些勇敢的躍進者將成爲命運的主人，而那些懦弱者注定將成爲命運的僕人。

大多數人都慨歎自己的命不好。面對人生困境，屢遭人生挫折時，往往歸咎於自己沒有出生在一個好的家庭、沒有找到一個好配偶、沒有考上一所好大學、沒有獲得一份稱心如意的好工作……但是，大量成功者的事例都在向我們證明，人生的種種不幸和磨難，最主要是緣於自己的過錯。所以說要改變命運，就必須讓自己成爲命運真正的主人。只有把握好了自己，才能有效地把握他人，最終把握世界。

（五）勇於迎接挑戰，奏出精彩的生命樂章

有這樣一個故事：在一片美麗的森林中，生存著鹿和狼。狼整天虎視眈眈地看著鹿，鹿在吃草的時候也提心吊膽，一有風吹草動就跑。狼和鹿總在這種情況下生活，所以，狼有活力，鹿很靈敏。隨著時代的變化，鹿成了稀有物種，狼成了殺害鹿的罪魁禍首。人們爲了保護鹿，開始大量地捕殺狼，於是，一隻又一隻的狼哀嚎著倒在血泊之中。不久，森林裡就沒有狼的蹤跡了。鹿開始大量繁殖，無憂無慮地生活在森林裡。

可是，好景不常，由於森林裡鹿的數量太多，森林裡可吃的食物都被鹿吃光了，鹿

群中又開始爆發一種瘟疫，一部分鹿病死了，剩下的也奄奄一息了。後來，有人把一隻狼放進了鹿群裡，結果，森林又恢復了以前的生機。

這個故事告訴我們，只有生活在有挑戰的環境裡，人們才可以活得更精彩。

人生充滿了挑戰，每個挑戰都是一次機遇。要勝利，要成功，我們就要做到一次失敗了，就要再來一次，跌倒了就從原地爬起來，繼續面對挑戰。只有這樣，才能最終實現理想。

一家著名的運動鞋廠派兩個正在試用的員工去非洲的某個部落推銷他們的新產品。如果這次推銷成功，他們就會被正式錄用。兩個人都接受了這次挑戰，因爲成爲世界上最偉大的推銷員是他們共同的理想。

甲來到這裡後，看見人們都赤著腳，很是奇怪。他找到一位婦女介紹他們的產品，婦女不屑一顧地說：「真好笑，我們這裡的人從來不穿鞋。別費力氣了！」甲聽後，非常失望，趕忙打電話給公司總部，說這裡的人根本不穿鞋，無法開拓市場。然後，甲就離開了這裡。

乙來到這裡後，也面對同樣的問題，但他並沒有打退堂鼓，而是接受了這次更加嚴峻的挑戰。乙是這樣想的，這裡以前沒有人穿鞋，並不代表他們以後不穿鞋，如果能說服他們，那麼市場將會無法估量。

於是，在遭到同樣的嘲諷之後，乙對一位婦女說：「你先試試穿上這雙鞋，走幾步，看看是不是比不穿鞋要舒服一些呢？」

婦女照著他的意思做了，感覺確實舒服了很多。

有了這一次成功的嘗試後，乙得到總部的支持，在這個地方舉行了一次行銷活動。他找來兩批人，第一批人穿上他們的鞋子，第二批人不穿他們的鞋子，然後兩批人進行登山比賽。

結果可想而知，第一批人由於穿了鞋子無所畏懼，很快就登上了山頂。第二批人由於老是擔心腳下的荊棘戳到他們的腳，所以登得很慢。接下來，他們又進行了跑步和競走比賽，都是穿了鞋子的這一批人取得了勝利。由於事先邀請了媒體來報導，這個地方的人一下子都知道了穿鞋子的好處，從總部運過來的第一批貨很快就被當地人一搶而空。

甲回到總部後，被公司辭掉，而乙因爲不懼挑戰，成功地開拓了新的市場，不但被正式錄用了，還破格升了職。

由此可見，挑戰並不可怕，可怕的是缺乏挑戰的勇氣。命運不是天注定的，沒有人敢斷言你失敗與否，關鍵是看你是否有足夠的勇氣去迎接挑戰。如果連這點勇氣都沒有的話，這就已經證明了你的失敗。

你也許對自己的人生感到滿意，但如果你沒有成長、不追求挑戰、不去冒險，很難讓人相信你可以真的感到滿足。在你的內心深處，一定有一個聲音在吶喊：我需要更多、更新、更好的事物。

我們不追求挑戰，因爲我們知道挑戰有時也與失敗並存，你畏懼的正是失敗。可是不知你是否想過，就算你失敗了，你還是足可讓人敬畏，因爲你迎接了挑戰，並且嘗試了痛苦。記住，失敗並不等於輸，縱使你中途倒下，也不會遭到他人的嘲笑。因爲他們知道，你已經努力了，誰也沒有任何理由嘲笑你。以後，當你回眸今天時，留下的不是失敗的淚水，相反，是成功的歡笑。你會想，縱使我中途倒下了，但我一樣是勝者。因爲，我努力了，我挑戰了自我，超越了自我。

一個勇敢前進，不斷接觸、追求、學習新事物，從而不斷拓展自己的人，即使他目前尚未達到目標或成就不大，但他一定對自己的人生非常滿意，因爲他的人生有方向、有成長。這使他覺得滿足而有收穫，每一天都過得很有意義。

在人生的道路上，要想獲得成功，就要敢於迎接挑戰，就要有勇氣去面對身邊的每一件事，懷著必勝的信念，哪怕前面困難重重，我們也應該持之以恆，頑強拚搏。即使是失敗了，也沒有什麼好遺憾的，吸取教訓，總結經驗，從頭再來，相信成功一定會屬於你。

挑戰是一種追求，一種信念，一種無畏。因爲挑戰，任何一條路都有可能；因爲挑戰，你的潛能會被無限激發，你會驚喜地發現你竟如此優秀。如果不去挑戰，雖然避免了失敗，但也失去了成功的機會。跌倒一千次，第一千零一次仍能微笑著站起來的人，生活永遠難不倒他。有句話說得好，也許奔流卻掀不起波浪，也許攀援卻達不到頂峰，但我們毫無怨言，因爲挑戰過，人生就無悔。

挑戰是一種追求，一種信念，一種無畏。

第二章

態度心理學——譜寫快樂樂章，讓陽光照亮自己

俗語道：「性格決定命運。」你的性格決定了你對人生、對命運的態度，你的人生態度，決定了你的命運和人生道路的走法。那麼，怎樣才能走出超勝於別人的人生道路，擁有讓別人羨慕的人生命運呢？運用態度心理學，就能譜寫人生的快樂樂章，讓陽光照亮自己。做人的藝術同樣需要態度心理學。巧妙地運用態度心理學，讓它引導你每天生活中的點滴細節，平衡你的心態，激發出自己內心中的潛能，展現自己生命中最光輝的形象。讓生命的陽光放射出最耀眼的光芒，照亮自己也照亮別人。

（一）人生試卷，你給自己打幾分

我們每個人從一出生就注定了要填寫這份人生的試卷。那麼你給自己打幾分呢？命運是出考題的人，對我們每一個考生都是同樣的試題，我們在面對這份看似簡單實則深奧無窮的試卷時，要如何作答呢？相信所有的人都想給自己打上滿分，因爲我們太希望自己的人生是圓滿的。但是，爲什麼我們的實際人生卻得不到滿分呢？

根本原因在於，我們每個人對人生的態度不同，你的心理態度決定了你的人生試卷的成績。有的人在命運面前積極投入，認真填寫自己的人生答案，因此，他的人生試題總是滿分；有的人不思進取，總想投機取巧，總想不勞而獲，結果，他的人生試卷上的每一道題都沒有準確的答案；有的人悲觀厭世，每當命運中出現挫折時，總是消極面對，導致他的人生試卷永遠是灰色或黑色的。那麼，你是怎樣的人生態度，你是如何填寫你的人生試卷的呢？

每個人人生試卷的答案不可能是相同的，但是成功人的試卷上面永遠展現的是樂觀與陽光。

一個綽號叫「斯帕奇」的小男孩可以說是命運的倒楣蛋，他在學校裡的日子永遠令他難以忍受。讀小學時各門功課常常亮紅燈，到了中學，他的物理成績通常都是零分，他成了所在學校有史以來物理成績最糟糕的學生。

斯帕奇在拉丁語、代數以及英語等科目上的表現同樣慘不忍睹，體育也不見得好多少。雖然他參加了學校的高爾夫球隊，但在賽季唯一一次重要比賽中，他輸得乾淨俐落。

在自己的整個成長時期，斯帕奇笨嘴拙舌，社交場合從來就不見他的人影。這並不是說別人都討厭他，事實是，在人家眼裡，他這個人根本就不存在。如果有哪位同學在學校外主動向他問候一聲，他會受寵若驚並感動不已。

他跟女孩子約會時會是怎樣的情形，大概只有天曉得。因爲斯帕奇從來沒有邀請過哪個女孩子一起出去玩過，他太害羞了，生怕被人拒絕。

斯帕奇真是個無可救藥的失敗者。每個認識他的人都知道這一點，他本人也清清楚楚，然而他對自己的表現似乎並不十分在乎。從小到大，他只在乎一件事情——畫畫。

他深信自己擁有不凡的畫畫才能，並爲自己的作品深感自豪。但是，除了他本人以外，他的那些塗鴉之作從來沒有被其他人看上眼過。上中學時，他向畢業年刊的編輯提交了幾幅漫畫，但最終一幅也沒被採納。

到了中學畢業那年，斯帕奇向當時的沃爾特·迪士尼公司寄出自己的漫畫。然而，結果卻如同石沉大海，最終迪士尼公司沒有錄用他，失敗者再一次遭遇了失敗。

生活對斯帕奇來說，似乎只有黑夜。走投無路之際，他嘗試著用畫筆來描繪自己平淡無奇的人生經歷：灰暗的童年、不爭氣的青少年時光、一個屢遭退稿的所謂藝術家、一個沒人注意的失敗者。然而，連他自己都沒想到，他所塑造的漫畫角色一炮走紅，連環漫畫《花生》很快就風靡全世界。從他的畫筆下走出了一個名叫查理·布朗的小男孩，這也是一名失敗者：他的風箏從來就沒有飛起來過，他也從來沒踢好過一場足球，他的朋友一向叫他「木頭腦袋」。

熟悉小男孩斯帕奇的人都知道，這正是漫畫作者本人——日後成為大名鼎鼎漫畫家的查理斯·舒爾茲——早年平庸生活的真實寫照。

有位哲人說過，成功者的成功經歷，都是源於對自己缺陷的克服。貧寒的出身促使人努力奮鬥，自卑感促使人積極發現自己的長處。只要有一顆積極向上的心，任何一種阻礙都可以化作成功的動力。

斯帕奇前半生的人生試卷可以說是一塌糊塗，但因為他有著堅定的自信心，相信自己非凡的繪畫天才，不但沒有放棄自己的人生試題，反而以更加倍的努力和樂觀的心態面對一次次的人生試題，最終答出了與眾不同的人生答案。斯帕奇用手中的畫筆譜寫著自己的快樂樂章，用心中無限幻想的陽光照亮了自己的人生道路。

無獨有偶，在世界電影史上，有這樣一位明星，在從影的人生路上始終都答不出完美的答案，但他始終堅持樂觀的人生態度，從來都不放棄自己對電影的追求與熱愛。他相信自己一定會成爲明星，最終就是這種陽光的心態照亮了他的明星之路。

在美國艾奧瓦州的一座山丘上，有一間不含任何合成材料、完全用天然材料搭建而成的房子。裡面的人需要依靠人工灌注的氧氣生存，並只能以傳真與外界聯絡。

住在這間房子裡的主人叫辛蒂。一九八五年，辛蒂還在醫科大學念書，有一次，她用殺蟲劑滅蚜蟲時，她突然感覺到一陣痙攣，原以爲那只是暫時性的症狀，誰料到自己的後半生就從此變爲一場噩夢。

這種殺蟲劑內所含的某種化學物質使辛蒂的免疫系統遭到了破壞，使她對香水、洗髮水以及日常生活中接觸的一切化學物質一律過敏，連空氣也可能使她的支氣管發炎。這種「多重化學物質過敏症」是一種奇怪的慢性病，到目前爲止仍無藥可醫。

患病的前幾年，辛蒂一直流口水，尿液變成綠色，有毒的汗水刺激背部形成了一塊塊疤痕。她甚至不能睡在經過防火處理的床墊上，否則就會引發心悸和四肢抽搐，辛蒂所承受的痛苦是令人難以想像的。一九八九年，她的丈夫吉姆用鋼和玻璃為她蓋了一所無毒房間，一個足以逃避所有威脅的「世外桃源」。辛蒂所有吃的、喝的都得經過選擇與處理，她平時只能喝蒸餾水，食物中不能含有任何人工合成化學成分。

多年來，辛蒂沒有見到過一棵花草，聽不見一聲悠揚的歌聲，感覺不到陽光、流水和風的快慰。她躲在沒有任何飾物的小屋裡，飽嘗孤獨之苦。更可怕的是，無論怎樣難受，她都不能哭泣，因為她的眼淚跟汗液一樣也是有毒的物質。

堅強的辛蒂並沒有在痛苦中自暴自棄，她一直在為自己，同時更為所有化學污染物的犧牲者爭取權益。辛蒂生病後的第二年就創立了「環境接觸研究網」，以便為那些致力於此類病症研究的人士提供一個視窗。一九九四年，辛蒂又與另一組織合作，創建了「化學物質傷害資訊網」，幫助人們免受威脅。

在最初患病的一段時間裡，辛蒂每天都沉浸在痛苦之中，想哭卻不敢哭。隨著時間的推移，她漸漸改變了對生活的態度，她說：「在這寂靜的世界裡，我感到很充實。因為我不能流淚，所以我選擇了微笑。」

當災難降臨時，人可以努力迴避；如果迴避不了，可以抗爭；如果抗爭不了，就得承受；要是承受不了，就哭泣流淚；如果連流淚也不行，可能就只能絕望和放棄。可是，辛蒂不同，當她無法流淚時，她選擇了微笑。生活並非是我們想像的那樣已由上天安排定局，如果你有心，一切都可以改變。每個人都應該樂觀，才會過得很快樂。

我們每個人從誕生的那一刻就開始經歷各種各樣的人生試卷，開始回答各種各樣的人生問題。很多人在過去的人生中答出了或者正確或者不正確的答案，無論你答了多少分，都還有機會，因爲我們的人生還沒有結束。我們還有後面的人生試題需要解答，關鍵是我們以後要以怎樣的心態來面對。如果還是用以前的心理態度，那以後的答覆仍然同以往一樣，甚至還不如從前。如果就在現在，就在當下，盡快扭轉自己的心理態度，轉變我們的人生觀，用樂觀的心態面對我們將要面對的一切，用積極的精神面對我們的人生，用燦爛的心靈之燈照亮我們的整個人生，運用態度心理學引導我們的人生旅程，相信你一定能答出滿分的人生試卷。

（二）插上快樂翅膀，將煩惱全部甩掉

快樂的人生是每個人都想要的，但如果我們總是遭遇煩惱，那該如何面對呢？運用態度心理學，可以讓快樂的翅膀帶你飛行天下，讓開心的陽光驅趕煩惱的黑暗，在快樂

與陽光的心態下將煩惱全部甩掉。

追求快樂是人之常情。如果會選擇，那你就等於永遠插上了快樂的翅膀。

威廉．史坦哈已經結婚十八年了，在這漫長的歲月裡，每天從早上起來到晚上睡覺，他很少對自己的太太微笑，甚至連說幾句開心的話也沒有過。同樣，太太也很少對他微笑，也不和他說多餘的話。

史坦哈覺得，自己是百老匯最鬱悶的人。

後來，史坦哈參加了一個繼續教育的培訓班。結業的時侯，老師給每個學員指定了一份作業，老師要求史坦哈以「微笑的經驗」爲題發表一段演講。他決定先親自體驗一個星期。

然後，史坦哈在要去上班的時候，就對太太微笑著說：「再見，祝你今天過得快樂！」路上，他對地鐵檢票小姐微笑著說：「謝謝！」到了上班地點，他對大樓的電梯管理員微笑著說：「早安，瑪瑞拉小姐。」他還試著以微笑的面孔跟大樓門口的警衛打招呼。當他站在交易所時，他對那些以前從沒見過自己微笑的人燦然微笑。

史坦哈很快就發現，每一個人也對他報以微笑。他以一種愉悅的態度，以開朗真誠的自由自在面對那些滿腹牢騷的人，他一面聽著別人的抱怨，一面微笑著，於是問題就容易解決了。

史坦哈發現，微笑給自己帶來了更多的收入，還帶來了更多的快樂。

史坦哈跟另一位經紀人合用一間辦公室，對方是個很討人喜歡的年輕人。史坦哈告訴那位年輕人最近自己在微笑方面的體會和收穫，那位年輕人聽了點著頭承認說：「當我最初跟您共用辦公室的時候，我認爲您是一個非常枯燥乏味的人。直到最近，我才改變看法——當您微笑的時候，您的臉上充滿了幽默和活力。」

可以說，你的笑容就是你善意的信使，你的笑容能照亮所有看到它的人。對那些整天都只看到緊皺眉頭、愁容滿面、鬱鬱寡歡的人來說，你的笑容就像穿過烏雲的太陽。尤其對那些受到上司、客戶、老師、父母或子女的指責與疏忽而壓抑不快的人來說，一個笑容能幫助他們度過痛苦和挫敗的難關，讓他們在絕望中看到希望。

毫無疑問，威廉．史坦哈的演講受到了熱烈的好評，他衷心地感謝老師，因爲他的指點，使他的人生發生了改變。

有些人總覺得自己的生活充滿不幸與悲傷，他們很奇怪爲什麼有些人每天總是快快樂樂的，其實道理很簡單，這就在於自己的選擇。快樂在於選擇，把快樂刻在石頭上，讓自己插上快樂的翅膀，你就會永遠快樂。

快樂是懂得放棄。留下快樂，放棄煩惱，你就能獲得另一種釋然的快樂。如果想要達成人生的目標，就必須有所捨棄。把與內心無關的、紛亂的雜念和欲望捨棄，眼中只有你想要達成的目標，這樣才容易成功。減輕生命的包袱，放棄一些煩惱，放棄一些利益，你便能輕裝上陣，就會與快樂結緣。

飛機正在白雲之上翱翔。機艙內，空姐微笑著給乘客送食品。中年人細細地品嚐美食，而鄰座的年輕人卻愁眉苦臉地望著窗外的天空。

中年人頗為好奇，熱情地問：「年輕人，怎麼不吃點？這食物很具水準，味道也不錯。」年輕人慢慢地扭過頭，不無尷尬地說：「謝謝，您慢用，我沒胃口。」

中年人仍熱情地搭訕：「年紀輕輕的怎麼會沒胃口？是不是遇到什麼不開心的事啦？」

面對中年人熱心的詢問，年輕人有些無奈：「遇到點麻煩事，心情不太好，但願不會破壞了您的好胃口。」

中年人非但不生氣，反倒更熱心了：「如果不介意，說來聽聽，興許我還能給你排憂解難。」年輕人看了看錶，還有一個多小時才能到目的地，那就聊聊吧。

年輕人說：「昨夜接到女朋友電話，說有急事要和我談談。問她有什麼事，女朋友說見了面再說。」

中年人聽後笑了：「這有什麼煩惱的呀？見了面不就全清楚了嗎？」

年輕人說：「可她從來沒這麼和我說過話。要麼是出了什麼大事，要麼就是有什麼變故，也許是想和我分手，電話裡不便談。」

中年人笑出聲：「你小小年紀，想法可不少。也許沒那麼複雜，是你想得太多。」

年輕人歎道：「我昨天整個晚上都沒合眼，總有一種不祥的預感。唉，你是沒身臨其境，哪能體會我此刻的心情。你要是遇到麻煩，就不會這樣開心了。」

中年人依然在笑：「你怎麼知道我沒遇到麻煩事？也許你的判斷不夠準確。」說著，中年人拿出一份合約，「這是打官司的文件，我們公司遇到了前所未有的大麻煩，還不知能不能勝訴。」年輕人疑惑地問：「您好像一點也不著急。」

中年人回答：「說一點不急是假，可急又有什麼用呢？到了之後再說，誰也不知道對方會耍什麼花樣。可能我們會贏，也可能一敗塗地。」

年輕人不禁有點佩服起眼前這位儒雅的紳士來。一晃幾十分鐘過去，到達了目的地，中年人臨別時給了年輕人一張名片，表示有時間可以聯繫。

幾天後，年輕人按照名片上的號碼給中年人去了個電話：「謝謝您，張董事長！

如您所料，沒有任何麻煩。我女朋友只是想見見我，才出此下策。您的官司打得怎麼樣？」

張董事長笑聲爽朗：「和你一樣，沒什麼大麻煩。對方已撤訴，我們和平解決。年輕人，我沒說錯吧，很多事情面對了再說，提前煩惱無濟於事。」年輕人由衷地佩服這位樂觀豁達的董事長。

有句話叫「自尋煩惱」，其實，我們人生中的許多煩心和憂愁都是自己給自己綁的繩索，是對自己心力的無端耗費，無異於給自己設置虛擬的精神陷阱。只要好好把握現在，什麼事情都可能出現轉機。

能掌握情緒的人，就能掌握未來。學著在面對煩惱的時候，不被煩惱所左右，不被其控制，你就有可能轉變你的境遇，真正把握好自己的人生。

如果總被煩惱所困，就會總覺得自己是天下最不幸的。如果你現在正處於煩惱之中，來看這一組數字，相信你一定會甩掉煩惱了。如果今天你是健康的而沒有生病，那麼你比熬不過本週的一百萬人幸運；如果你從未體會過戰爭的危險，監禁的孤獨，嚴刑的殘酷和饑餓的痛苦，那麼你比全世界的五億人幸福；如果你衣食無憂、居有定所，那麼你的生活水準高於世界百分之七十五的人；如果你銀行中有儲蓄，錢包裡有鈔票，存錢罐裡有零錢，那麼你是整個世界上百分之八生活優越的人；如果你的父母健在，家庭和睦，那麼你很不尋常；如果你面帶微笑，對所有的人都懷有一顆感恩的心，那麼你是幸福的，因爲多數人能夠這麼做卻沒有這麼做；如果你能閱讀這篇短文，那麼你比全球二十億文盲幸運。

要明白，煩惱其實是我們自己尋找來的，別人不可能附加於你。試想，如果我們自己不去尋找煩惱，又哪裡來的煩惱讓我們煩讓我們惱呢？與其自尋煩惱，爲何不自尋快樂呢？煩惱讓你煩讓你惱，快樂卻讓你開心讓你樂，與其煩惱一天不如快樂一天。可以說，一切的煩惱都是自己的內心作用而來，智慧的人即便是遇到煩惱，也會將煩惱轉變爲快樂，會苦中作樂。相反，愚蠢的人即便是遇到快樂也會煩惱，在樂中找尋煩惱，讓自己不快樂。

快樂其實很簡單。要想擁有人生的快樂樂章，就要有快樂的翅膀，要想讓人生的陽光照亮自己，就要用樂觀的心態將煩惱全部甩掉。

（三）虛榮，讓你永遠只看到戴著面紗的自己

虛榮是人類一種很普遍的心理狀態，無論古今中外，無論男女老少，窮者有之，富貴者亦有之。虛榮是一種扭曲了的自尊心，是自尊心的過分表現，是一種追求虛表的性格缺陷，是人們為了取得榮譽和引起普遍的注意而表現出來的一種不正常的社會情感。

如果虛榮佔據了你的整個人生，那你將永遠只看到戴著面紗的自己，永遠看不到自己的真實面目。

事實上，每個人多多少少都有點愛慕虛榮。男人大多追求自己的名譽、地位、金錢、車子等，女人更多地追求自己的衣著、容貌、老公、房子。尤其是當今社會經濟發展突飛猛進，人們的需求已經不僅僅是為了生存。為了更好地生活，每個人都不希望自己在任何方面比別人落後、低人一等。然而，在一定限度的道德與法律之內的虛榮心是可以理解的，可是若過分追求，小則道德淪喪，大則走向罪惡的深淵。

曾經有一篇報導，說有一位女性，月收入不過二萬多元，但為了在別人面前有「面子」，她寧可省吃儉用，存下大半年的收入去名牌專賣店買一個路易·威登的手提包，她可以每天帶著這個手提包去擠公車或走路上下班以省下車錢。

的確，在現實生活中，有的女人爲了在別人面前顯示高貴，花費了超出自身的承受能力去買高檔服裝、化妝品、首飾等奢侈品。爲了過上表面奢華、虛榮的生活，不惜貸款、賣身、做啃老族，她們失去的是自由、獨立和持久的心靈快樂。虛榮成了遮擋她們認識自己的面紗，使其永遠不能正視自己的實際條件，而是盲目地愛慕虛榮，最終將會被虛榮所害。

有一個《孔雀愛尾》的故事：一隻雄孔雀的長尾閃耀著金黃和青翠的顏色，任何畫家都難以描繪。它生性愛忌妒，看見穿著華美的人就追啄他們。孔雀很愛惜自己的尾巴，在山野棲息的時候，總要先選擇擱置尾巴的地方才安身。一天下雨，雨水打濕了它的尾巴，捕鳥人就要到來，可它還是珍惜地回顧自己美麗的長尾，不肯飛走，終於被捉住了。

故事隱喻人們常常讓虛榮的面紗蒙蔽著內心的清醒，爲了沒有意義的「美好理想」不惜犧牲自己的生命和自由。如果把對毫無價值東西的追求發展爲似乎是美好的願望時，虛榮心便是自尊心的過分表現，一個人只要有追求榮譽的欲望，就不可能沒有虛榮心。

有些人非常希望得到別人的尊重與欣賞，卻往往不能如願以償，一個重要的原因就是他們陷入了虛榮的盲點。虛榮心是一種追求表面上的榮耀、光彩的心理。虛榮心強的人，常常將名利作爲支配自己行動的內在動力，總是在乎他人對自己的評價。一旦他人有一點否定自己的意思，便認爲自己失去了所謂的自尊而受不了。

一些女人在手指上套十個八個金戒、鑽戒，或全副武裝，在耳朵、頸脖、手腕、腳踝上掛滿金銀，這還只是由於審美品味不高。一些男人那種誇富鬥富的作勢則更顯得惡俗不堪：你能花三萬元請一桌客，我就要花十萬元設一次宴；你能在飯桌旁摔幾瓶威士忌逞能，我就要在酒席旁摔幾箱XO逞威風……誇富鬥富，雖然惡俗，但這些人畢竟有其資本。有的人明明囊中不豐，卻偏偏愛評比富鄰。

莫泊桑短篇小說《項鏈》中的女主人翁，便是一個因為虛榮而讓自己深陷痛苦當中的女人。女主人翁瑪蒂爾德愛慕富貴虛榮，為參加上流社會的宴會借用一串項鏈，卻在風光後丟失。丟失項鏈後的瑪蒂爾德為了償還高額的債務，辭退了女僕住進閣樓，自己洗衣做飯拖地板，盤算每個銅板賺錢還債，歷經十年艱辛還清了債務。但是當她向朋友說明一切的時候，卻被告知那條項鏈是假的，馬蒂爾德其實是白白地承受了還債的種種痛苦。

儘管人們都懂得，虛榮是表面的榮譽、虛假的榮名，但很少有人能夠不爲虛榮所動，又有多少人能夠掀起那層遮掩自己的虛榮面紗呢？在日常生活中，一個羨慕的眼神會使我們神舒心悅，一句虛情假意的恭維會使我們眉開眼笑，一句言過其實的讚譽會使我們沾沾自喜，一個毫無實質意義的頭銜會使我們引以爲榮……

所謂虛榮，就是追求表面的光鮮照人，在得到一定的滿足之後，內心卻要承受寂寥空虛的一種被扭曲了的自尊。每個人都知道不應貪戀虛榮，然而身處燦爛繽紛的花花世界，又有誰能真正抵禦虛榮心的作祟。男人和女人，各有各的虛榮。女人多愛打扮，講排場，要面子；男人渴望名聲，炫耀權力。其實，虛榮只是一幅裝點自己門面的鏡子，都是給外人看的，殊不知常常是自己遭罪養人眼開人心。

態度心理學讓我們摒棄虛榮，讓我們能看到真實的自我，不再只看到戴著面紗的自己。讓我們在自己的人生路上正視自己，踏實地走好我們人生的每一步。

（四）趕快讓忌妒搬家，否則將永遠在失敗的巢穴駐足

忌妒從某種意義上來說，是人類的一種普遍的情緒。現代社會是一個崇尚成功的社會，然而，在激烈的競爭當中，有人成功，就必然有人失敗，失敗之後所產生的由羞

愧、憤怒和怨恨等組成的複雜情感就是忌妒。如果我們不趕快讓忌妒搬家，就將永遠在失敗的巢穴駐足。因爲你總是被忌妒他人的心理困擾著，永遠看不到自己優勢的一面，永遠被他人的優勢阻礙著自己的發展，所以這樣的人注定不會擁有成功。

忌妒是以多種方式表現出來的，是一種容不得與自己有相同目標的人取得成就而產生的非正當的不適感。忌妒是心靈的地獄，愛忌妒的人總是拿別人的優點來折磨自己。

德國有一句諺語：「好忌妒的人會因為鄰居的身體發福而越發憔悴。」所以，好忌妒的人總是四十歲的臉上就寫滿六十歲的滄桑。

薩列里就是抱著這樣的感情最後走向毀滅的。他瘋狂地熱愛著音樂，有才華、勤奮過人，也非常有成就，從一個沒沒無聞的義大利小鎮男孩到奧地利皇家御用作曲家，他的樂曲風靡歐洲，歌劇也獲得極大成功。然而當這一切遇到天才莫札特時，頃刻之間化爲烏有。而這個天才竟是一個「荒唐，下流，傲慢的小鬼」，時不時發出痙攣一樣無禮的笑聲。世上最大的痛苦在薩列里看來也莫過於此吧，自己全心付出的愛被上帝一個無聊的玩笑瘋狂踐踏。

第一次見到莫札特，薩列里看到的就是癲狂和不合情理的惡劣玩笑，他感到莫名其妙和不可思議。第二次見面，莫札特狂妄不羈，肆意而傲慢地修改他的音樂，使他難過欲絕。等到他從來向自己求助的莫札特妻子手中接過那些渾然天成，自然流淌的樂譜時，他徹底崩潰了，他的心已經被忌妒的毒液浸透。

這些痛苦在薩列里心中淤積成了一個巨大的有毒的黑色沼澤，除了復仇之外，無法排解。

他燒掉了十字架，並且在以後的時間裡他一面裝扮成莫札特最忠實的朋友，一面利用自己的影響，利用莫札特的天真魯莽和傲慢無禮，玩弄各種詭計使他陷於貧困潦倒，債台高築，尊嚴盡失，終於在一個冰涼的早晨，莫札特在寫作莫札《安魂曲》的時候淒涼地死在自己面前。

莫札特死了，在薩列里的忌妒之火和精心安排下，在最好的年紀，在又髒又雜亂的家裡，在用音樂穿透了死亡的真相也歷盡了世間美好的時候。

然而，薩列里的痛苦並沒有因為計畫的完成而有所緩解，相反，莫札特的死在薩列里心裡形成了一個巨大的黑洞，那是難以形容的茫然和絕望。薩列里在之後的三十二年裡痛苦地看著自己的作品慢慢消失，沒有人再彈奏，而莫札特則越來越不朽。

一個人在忌妒別人時，總是注意到別人的優點，卻不能察覺自己比別人強的地方，令人可悲可歎。

忌妒的心理猶如魔鬼，它一刻也不停歇地折磨著人們脆弱的神經。但是被嫉妒的人常常是渾然不覺的，這反而使嫉妒的人更痛苦，這種痛苦使得他再沒有多餘的精力發現自己的長處，總是在別人的長處下生活，讓別人的長處成了永遠遮蓋自己優勢的陰影。

其實，任何人都有不如別人的地方，當別人在某些方面超過我們時，我們可以努力想一想自己比對方強的地方，這樣就會使自己失衡的心理天平重新恢復到平衡的狀態。

好忌妒的人往往自大，因爲自大，想高人一等。所以就容不下比自己強的人。看到周圍的人有超過自己的地方，要麼設法去貶低，要麼設置陷阱去坑害對方。

好忌妒的人必然自私，自私的人必然愛忌妒——忌妒和自私猶如孿生兄弟。法國作家拉羅會弗科曾經說過：「忌妒是萬惡之源，懷有忌妒心的人不會有絲毫同情」、「忌妒者愛己勝於妻子。」因為忌妒，他不希望別人比自己優越；因為自私，他總是想剝奪別人的優越。好忌妒的人從來不為別人說好話。好忌妒的人，因為容不下別人的長處，所以就透過說別人的壞話來尋求一種心理的滿足。好忌妒的人沒有朋友，因為他容不下別人的長處，而每個人也都有自己的長處，所以他就把所有的人都視作自己的敵人，以冷漠的目光注視別人。

事實上，忌妒別人的人可以說是這世界上最愚蠢的人了。因爲忌妒別人不曾給別人帶來一點點的傷害，卻總是在刺痛著他們自己的內心，總是讓他們自己不快樂，總是讓他們每天深陷在忌妒所引來的煩惱之中而不得自在。忌妒是最能讓人痛苦的毒瘤，若不把它從內心深處連根拔除，必將極大地影響人們的身心健康，更不要說做成功人與做人成功了。

爲了不使我們成爲一個人生失敗的人，就要趕快讓忌妒搬家，不要讓忌妒使我們永遠在失敗的巢穴中駐足。趕走忌妒，讓我們能有明亮的雙眼看到自身的優勢，發揮出最佳的狀態，讓欣賞佔據我們內心的忌妒。學會欣賞他人，吸收他人的優點爲自己所用，用自己的特長譜寫出快樂的人生樂章，讓陽光照亮我們的命運旅途。

（五）激勵自己，給油箱加滿油

有這樣一個手無縛雞之力的老太太。一天晚上，她的一個孫子和一個孫女跟她睡在一張床上。半夜裡，有人高聲叫喊，「不好了，著火了」，老太太不多加思索，左手挾孫子，右手挾孫女，箭一般地從房子裡衝出去……當她停下來時，才發現周圍很多人都用驚奇的目光注視著她……

這個故事告訴我們這樣一個道理：人在絕境或遇險的時候，會展現非凡的能力，這就是潛力。人沒有退路，就會產生爆發力，這種爆發力就是潛能。一個人竟有百分之九十的潛能未開發出來，如果它爆發，那該是多麼驚人的力量啊！

很多時候，人們躊躇不前，只是因爲害怕才不去做的，因此，你得首先從自我激勵開始。我們的內心中常常存在著需要激勵的欲望，每個人無論有多麼堅強，都需要勇氣、力量和希望。

缺乏激勵會導致沒有足夠的熱情。心理學家史金諾由動物實驗證明：因爲好行爲受到獎賞的動物，其學習速度快，意志力也更持久；因爲壞行爲而受到處罰的動物，則不論速度或持久力都比較差。

哈佛大學心理學家威廉·詹姆士經研究發現，一個沒有受激勵的人，僅能發揮其能力的百分之二十~三十，而當他受到激勵後，所發揮的作用相當於激勵前的三到四倍。

而這種激勵，要透過本人對自己的鼓勵或者外部的激勵來完成。人生的成長，有時需要師長的幫助、大眾的扶持、上司的提攜、朋友的勉勵。但是光靠別人，就像僅僅往血管裡注射營養劑，是不能從根本上強身健體的，最重要的，還是要靠自己。事業上的成功者，大都是能夠自我激勵的人。

自我激勵是人們精神活動的動力之一，也是保持心理健康的一種方法。在遇到困難、挫折、打擊、逆境、不幸而痛苦時，善於用堅定的信念、名言警句、榜樣人物的感人事蹟來激勵自己，就能使自己產生同痛苦作鬥爭的勇氣和力量。

能夠自我激勵，自我塑造的過程也就隨即開始。

塑造自我的關鍵是甘做小事，但必須即刻就做。塑造自我不能一蹴而就，而是一個循序漸進的過程。

大多數人希望自己的生活富有意義。但是不要生活在幻想未來中。我們越是認為自己有充分的時間去做自己想做的事，就越會在這種沉醉中讓人生中的絕妙機會悄然流逝。只有重視今天，自我激勵的力量才能汨汨不絕。

生活就像是一面鏡子：你對它笑，它就對你笑。對待生活中的困惑或不如人意之事，不要一味地忍讓或逃避，而要激勵自己去克服它，戰勝它。有人說，一個沒有目標的人就像一艘沒有舵的船，我們每一個人都應給自己設立一個人生目標，鼓勵自己為了這個目標而奮鬥。無論艱難困苦，無論挫折壓力，都要去戰勝和克服它們，為達到目標奮鬥到底。生活中的每個人大都不甘心平庸一生，每個人都嚮往幸福的生活，希望有充足的財富，有成功的事業，有美好的愛情，有健康的身體。這一切都要靠自己去努力追求，在追求過程中出現的一些艱難困苦都要靠自己去解決。當感到吃力時，不妨激勵自己，給自己鼓掌，爲自己打氣，這樣才不至於半途而廢，才能永不放棄，直至成功。

我們每一個人都應銘記，當你失意落魄時，不要灰心，適時激勵一下自己，會使你精神重振，生機勃發；當你自輕自賤時，請激勵一下自己，這樣會使你不再低頭走路，而是鼓起勇氣，信心十足地去面對生活；當你想獲得成功人士擁有的一切時，請激勵自己去努力爭取，說不定幾年後你就是一個榮耀的成功者。

激勵的力量是無窮的：它像一簇燈光，為你照亮黑暗；它像一汪清泉，解除你旅途中的乾渴。

（六）不要曲解別人無意的言行

在日常生活中，你常會遇到這樣的事情：在走廊上向別人點頭問好，對方卻置之不理；和別人打招呼，對方卻悄然無息。遇到這種情況你難免會想：「那個人是不是對我有意見啊？」其實，你作出這種推測的原因是以認定對方行爲懷有故意爲前提的，但實際上對方的言行是否真的出於故意，這可能是一個幾乎無法考證的問題。我們要做到的就是儘量不曲解別人的言行，因爲那很可能只是無心之舉。

我們可以設身處地地想一想自己的經歷中是不是也有這樣的情景。比如當忙暈了頭的你疾步穿過走廊，不小心碰到別人，你還沒有打招呼就已經和他擦肩而過了。

有時候，當我們意識到對方在打招呼而試圖努力辨認他的身分時，就已經失去了給對方回應的時機。然而，如果自己的行爲得不到對方的回應，我們自己還是會十分迷惑，不知道究竟發生了什麼事。

如果你在擁擠的捷運上被別人踩到了腳而對方卻沒有道歉時，你一定會憤怒地覺得對方是個無理的人。然而當你穿過擁擠的人群準備下車時卻狠狠地踩了別人一腳，你一定會為自己解釋說：「太擠了，實在沒辦法。」

對於自己的過錯，我們往往會將其歸於環境使然，而如果同樣的事情發生在別人身上，我們卻很容易將其理解爲人性使然，也就是說別人是故意的。

可以說，人與人之間的誤解有很多是出於上述原因的。當我們無視實際狀況而去曲解同事或上級無意的言行時，就會覺得對方是在針對自己。因此，我們對他人的態度就會變得充滿敵意，而這樣一來，我們又怎麼能有平和的心態去做好職場的溝通呢？

所以說，不要讓壞事影響自己的心情。

過度敏感的人都有一種自貶自責的傾向。一個小小的挫折都往心裡去，隨即開始懷疑自己的全部。於是，所有外界的批評都是有道理的，一切都是自己的錯，結果很快就變成了：我自己一無是處，太平庸了，是個傻瓜……

其實，弄清楚敏感的根源之後，再遇到不愉快的事情，稍微進行一下自我反省就可以了，並不需要對自己進行全面檢討繼而全面否定自我。

恩格斯說過：「人物的性格不僅表現在他在做什麼，而且表現在他怎麼做。」我們每天都會遇到各種各樣的事情，經歷快樂、悲傷、失落等等。自信樂觀的人，在挫折中尋找寶藏，自己為自己打氣；相反，消極自卑的人，總是抱怨自己，羨慕別人，總是看到事情消極、困難的一面。其實，我們要學會換個角度看問題，對自己進行積極的心理暗示，使問題導向正面的結果，不要總是暗示自己感到焦慮、緊張、失落等。

心理學家說，如果一個指責很過分，那麼你也要懂得回敬那個指責你的人，不要讓別人自以爲有權利無端指責你。碰到讓你傷心的事，要努力尋找一個解脫的辦法，比如你可以向朋友傾訴。越跟別人多交流，就越能從相對化的角度來看問題，讓自己從內心裡接受正在發生的一切。原本認爲很嚴重的事，其實並沒有那麼糟糕，原本天大的事其實也很渺小。有了一次經歷，下次就能夠輕鬆地面對。

平時我們也要加強心理建設和情感建設，堅持鍛鍊身體，建立和諧與相互支持的人際關係。中國文化講究的是「含蓄」，員工在提高自身業務能力的同時爲人要低調，因爲太過張揚的性格容易引起他人忌妒，或者引起同事反感。而把同事間的不理不睬當作冷暴力，就把人際關係窄化了。在職場交往中，不能因爲別人的性格、愛好與自己不同就孤立抵制，甚至上升爲故意傷害的程度。同事之間相處不要太敏感，不要將別人偶爾的情緒不良當作針對自己，如果將衝突升高，對企業和員工都毫無益處。

要記住，世界對你的微笑永遠都會是燦爛的。生活雖然不會有太多轟轟烈烈的事情，但是你的生活也絕對沒有理由總是處於消極的狀態中，要珍視那些小小的快樂。過度敏感的人的弱點在於他們缺乏自信心，總是在尋找抱怨的理由。結果是，即使別人發自內心地讚揚，也不足以讓他們往好處去想。

（七）不要事事追求完美

追求完美，是人類自身在漸漸成長過程中的一種心理特點或者說是一種天性。應該說，這沒有什麼不好。人類正是在這種追求中不斷完善自己，使得自身成爲這個世界萬物之主宰。如果人只滿足於現狀，而失去了這種追求，那麼人大概現在還只能在森林中爬行。我們對事物總要求盡善盡美，願意付出很大的精力去把它做到天衣無縫的地步。可見，追求完美並不是件壞事。

但是，人生不可能事事都如意，也不可能事事都完美。追求完美固然是一種積極的人生態度，但如果過分追求完美，而又達不到完美，就必然會產生浮躁。要知道，過分追求完美往往不但得不償失，反而會變得毫無完美可言。

有這樣一個故事：一位老和尚為了選拔理想的衣缽傳人而設想了一道非常奇妙的「考題」。一天，老和尚對一胖一瘦兩個得意門生說：「出去給我揀一片你們最滿意的樹葉回來。」兩個徒弟遵命而去。時間不久，胖和尚就回來了，遞給師傅一片並不漂亮的樹葉，對師傅說：「這片樹葉雖然並不完美，但它是我看到的最好的樹葉。」瘦和尚在外面轉了半天，最終卻空手而歸，他對師傅說：「我見到了很多很多的樹葉，但怎麼也挑不出一片最完美的，所以沒有一片是我最滿意的。」

考試結果可想而知，胖和尚成了衣缽的傳人，因為他更懂得萬事隨緣，世上本無完美之事的道理。

也許在人生中，我們都會遇到這樣的情景，一心只想盡善盡美，最終常常是兩手空空。「揀一片最完美的樹葉」，人們的初衷總是美好的，但如果不切實際地一味找下去，最終往往只會吃盡苦頭，直到有一天你才會明白，爲了尋求一片最完美的樹葉而失去許多機會，是得不償失的。況且，人生中最完美的樹葉又有多少呢？

有人說，天空不夠完美，因爲它有時佈滿陰霾甚至狂風暴雨。大海不夠完美，因爲它總是驚濤駭浪，甚至捲人入底。米洛斯的維納斯不夠完美，因爲她丟失了雙臂。每個人每個事物都是被上帝咬過一口的蘋果，都有一絲小小的缺憾，只要你不苛求，就會發現天空是那麼藍，大海是那麼闊，維納斯是那麼美。

居里夫人說：「完美催人奮進，但苛求反而成為科學進步的大敵。」人世間許多的悲劇，正是因為一些人熱中於追求虛無飄渺的最完美的樹葉而忽視平淡的生活。其實，平淡中往往也蘊含著許多偉大與神奇，關鍵是你以什麼樣的態度去面對它。

生活中的「完美」，只是一種「好」的程度，而真正的完美是不存在的。不管是什麼貓，能捉住老鼠的都是好貓；不管西瓜圓不圓，味道甜的就是好瓜。日常生活中，不要妄想什麼「完美」，只要你過得充實、精彩，在幸福的時候能發現並體驗你的快樂，在痛苦的時候能回憶並審視你的過去，樂觀地面對人生，你的生活就是完美的。

也許你會說，追求完美者也並非都是兩手空空，有的追求完美的人斬獲頗豐，得到了令人羨慕的成績，例如網球女選手維納斯．威廉姆斯。

在二〇〇四年的法國網球公開賽上，女選手維納斯．威廉姆斯取得了十七場連勝的傲人戰績。她對記者發表勝利感言時說：「我還不夠努力。有時候，我獲勝心切；有時候，我求勝心又不夠強。有時候，我不遵從教練的指導；有時候，我不聽從自己的安排。我討厭在任何事情上犯錯，不僅是在球場上。」

可見，威廉姆斯不論在球場上還是在生活中都追求完美，不容許自己有絲毫錯誤。有人說，正因爲威廉姆斯爲自己設定了一個非常高的標準，她才能發奮圖強，斬獲佳績，追求完美是她達到目標的健康動力。可是，加拿大不列顛哥倫比亞大學的心理學家保羅．休伊特說：「我並不這樣認爲」，「這些人往往忽略了完美主義者脆弱的一面，譬如沮喪、厭食和自殺。」

休伊特和心理學教授戈登弗萊特自二十世紀九〇年代開始研究完美主義。他們發現，完美主義者有不同的表現形式，但不管是何種類型的完美主義者，都有這樣那樣的健康問題，譬如沮喪、焦慮、飲食紊亂等。但在很多人眼裡，「完美主義者」這頂帽子並不難看，追求完美才能達到優秀。事實上，追求完美和追求優秀是兩回事。

追求完美，有時也是一種錯，那是一種苛求，對自己是一種折磨。嚴格要求自己，不斷完善自我是必要的，但不要苛求，學會善待自己，才是應該努力的方向。

完美是一種美麗的構想，可是又有誰能達到真正完美的境界呢？人生的價值在於追求，追求現在比過去好，追求未來比現在好，可什麼都只能近乎完美，並不能如我們想像得那麼完美。

所以，我們要擁有更輕鬆的生活，就必須學會不苛求生活中的瑣碎小事，不追求極度完美，因為我們都不是完美無缺的。越是極早地接受這一事實，就越能極早地擁有輕鬆的心態。

完美催人奮進，但苛求反而成為科學進步的大敵。

第三章

個性心理學——描繪個性畫卷，渲染生活無窮色彩

我們現在所處的時代是一個彰顯個性的時代，每個人都有各自不同的個性表達。那麼，你要如何在個性林立的眾人之中獨樹一幟，創造出與眾不同的驚鴻一瞥呢？這就需要運用個性心理學，讓個性成為描繪你人生精彩畫卷的神筆，讓這幅人生純美的畫卷渲染出你生活中的無窮色彩。

個性的彰顯並非是性格的張揚與狂放，而是內在修養、氣質、才學的綜合展現。每個人都有不同的性格特徵，如果你會運用個性心理學，綜合自身的個性優勢並將其發揮至最佳境界，摒棄自身的個性劣勢直至無影無蹤，那你的為人將趨於完美。這就是做人的個性心理學。

（一）在屬於自己的天空裡，你才能飛得很高

每個人的身上都有其與眾不同的特質，只是我們常常因爲沒有發現自己的特質而就此埋沒了自己的才華。那麼怎樣讓自己與眾不同的特質散發出絢麗的光彩呢？

機會對每個人都是均等的，關鍵在於你是否善於發現自己的那片個性天空。如果現在的你還是平庸，就需要用個性心理學去挖掘和找到那片屬於自己的個性天空，然後騰空翱翔，讓你的個性光華爲你瑰麗的人生描繪出豐富多彩的畫卷。

其實，我們每個人在降生之時，就擁有了一種與眾不同的特質，有的人表現在藝術上，有的人表現在學術上，有的人表現在行動能力上，有的人表現在公共關係上等各有不同。所以在沒有發現自己特質的時候，千萬不可妄自菲薄，自暴自棄。相信自己一定是一個對社會對他人有用的人，改變想法，相信你的人生一定是有價值的，你一定能創造出與眾不同的人生價值。

有這樣一個天才，十三歲開始計畫，並預言自己將在二十五歲時成爲百萬富翁。他是一個商業奇才，獨特的眼光使他總是能準確地看到 IT 業的未來，獨特的管理手段，使得不斷壯大的微軟能夠保持活力。他的財富更是一個神話，三十九歲便成爲世界首

富，並連續十三年登上富比士榜首的位置。他就是大名鼎鼎的比爾．蓋茲。

比爾從小就精力過人，早在嬰兒時期自己就能讓搖籃晃動起來，從小就極愛思考，一迷上某事便能全身心投入。

從外祖母循循善誘的啓蒙教育到父母不辭辛苦地爲比爾．蓋茲尋找適合他天分發展的社團與學校，無不爲他天賦的發展提供了肥沃的土壤和清新的空氣。

隨著兒子年齡的成長，家庭中的環境已無法滿足比爾．蓋茲天賦的進一步發揮。於是，父母向外尋求，積極爲比爾尋找屬於他的空間。在一次活動中，比爾．蓋茲給班上準備了一份報告，名爲《爲蓋茲股份有限公司投資》。這篇報告幾乎成了全家人的事，他的外祖母幫著弄封面，連父親也插手幫忙，氣氛很是活躍。小學畢業後，父母在徵求比爾．蓋茲的意見後，送他進了湖濱中學。在湖濱中學，比爾癡迷上了令他今後傾注畢生精力的電腦。比爾．蓋茲在湖濱中學讀書時，常按自己的興趣愛好來安排學習。他在喜歡的課程上下功夫，學得非常棒，如數學和閱讀方面。中學畢業後，比爾．蓋茲很想到哈佛大學去讀書，但一年後，他又離開哈佛，放棄錦繡學業，與別人一起創辦電腦公司。雖然父母並不贊成他的想法，但比爾．蓋茲還是毅然離開了令億萬學子嚮往的哈佛大學，開始在軟體領域大展鴻圖。

成功人士都有其成功的特質，其實你也同樣擁有，只是你還沒有找到那片屬於自己的天空。那麼從現在開始，運用個性心理學，找到屬於自己的天空，在那裡展翅飛翔吧，相信你也會飛得很高。

（二）太在意別人，只會迷失自己的腳步

我們從小到大都會面對他人對你的評價或是看法，我們也一定或多或少地被影響到。但你是否想過，那是別人的想法，不是你的。他不能跟你走一樣的人生道路，他的命運也不會與你相同，充其量，他人的說法、想法只能作為一個建議，而不能主宰你的整個想法和決定。那麼，為什麼我們要在意別人呢？個性心理學告誡我們：太在意別人，只會迷失自己的腳步。

新力亞．斯米茲是美國著名的女演員，她童年的時候在加拿大渥太華郊外的一個農場裡生活。那時候，她在農場附近的一個小學裡讀書。有一天她回家後很委屈地哭了，父親問她為什麼哭泣，她斷斷續續地說道：「我們班裡一個女生說我長得很醜，還說我跑步的姿勢難看。」

父親聽完她的哭訴後，沒有安慰她，只是微笑地看著她，然後父親說：「我能夠勾得著我們家的天花板。」

當時正在哭泣的新力亞聽到父親的話覺得很驚奇，她不知道父親想要表達的意思，就反問了一句：「你說什麼？」

父親又重複了一遍：「我能勾得著我們家的天花板。」

新力亞完全停止了哭泣，她仰著頭看了看天花板，將近四公尺高的天花板，父親能勾得著？儘管她當時還小，但她不相信父親的話。

父親看她一臉的不相信，就得意地對她說：「你不信吧？那麼你也別相信那個女孩子的話，因爲有些人說的並不是事實。」

於是，新力亞在很小的時候就明白了，不能太在意別人說什麼，否則會迷失自己。

她二十四、五歲的時候，已經是一個頗有名氣的年輕演員。一次，她準備去參加一個集會，但她的經紀人告訴她，因爲天氣不好，可能只有很少的人參加這次集會。經紀人的意思是，新力亞剛開始出名，應該用更多的時間去參加一些大型的活動以增加自己的名氣。

可新力亞堅持要參加那個集會，因爲她在報刊上承諾過要去參加。結果，那次在雨中的集會，因爲有了新力亞的參加而使得廣場上的人群很擁擠。她的名氣和人氣驟升。

太在意別人對自己的看法，一心想要得到別人的承認，結果只會迷失自己。在我們的生命中，我們同樣也遇到過許許多多勸慰和告誡我們的朋友、師長等等，還有更多的是來自父母、親人的忠告。當然，他們這麼做也是爲我們好，但是你要記住，他們不是你，他們走過的路不一定適合你。每個人的人生之路各不相同，你要找對自己的那條路。個性心理學建議你別太在意別人，否則你會迷失自己前進的方向，從而邁錯了人生的腳步。

德國的一位神學家說：「外在世界的喧囂之所以喧囂，是因為自己內心的浮躁，是因為我們自己不知道該怎樣評價自己，該怎樣規劃設計自己，更沒有準確衡量自己行事的標準和準則。」

有時候，我們就要做聾子，做聾子的最好方法，就是讓內心的聲音足夠響亮。讓你的行動表達你要說的話，讓你的心指引你的行動。除此以外，其他都是次要的。做你自己，這是作曲家歐文．柏林給喬治．蓋希文的忠告。

當歐文．柏林第一次見到蓋希文時，歐文．柏林已名聲卓著，但蓋希文當時仍只是週薪四十五美元的青年作曲家。蓋希文的才華令柏林印象深刻，柏林願出三倍的薪水請蓋希文擔任其音樂秘書一職。不過，柏林同時規勸蓋希文：「你最好不要接受這份工作，因爲這職務最多把你造就成一名二流的歐文．柏林。只要你堅持做自己，終有一天，你會成爲第一流的蓋希文。」

正如美國散文家亨利．梭羅所說，如果一個迷途的人不把自己想成是迷失方向的，他其實是和他自己在一起，身處他眼前所在的地方，那些認識他的人、事、地才是迷失了的。如此一來，所有的危險慌亂都將煙消雲散。

無論外界、他人如何變化，我們都不能太在意，這樣我們才能不迷失自我，失去自己。在現實生活中，人最悲哀的失去是失去自我，最可怕的迷途是找不到自己。

在我們的生命中，一定會有很多人的忠告幫助我們少走了很多彎路，同時也有很多忠告也許就是毒藥，消磨我們的意志，打擊我們的熱情，拖住我們的腳步。這些都不可怕，可怕的是我們沒有自己的主見，沒有自己的意志，沒有自己的意願。

爲了夢想，爲了自己心中的那份夢想，我們更應該聆聽自己內心的聲音。在喧囂之中，在眾說紛紜中，你要清楚地知道，你必須爲自己的夢想全力以赴，因爲你是爲自己實踐夢想，不是爲那些給你忠告的人。沒有人可以讓你停步不前，只有你自己；沒有人爲你負全責，只有你自己。

別人的意見只能作爲參考，不能爲你規劃全部的人生；別人不能保證你成功與幸福，只有你自己。心靈真正的平靜，來自於不計褒貶，如果活在別人的評價裡，用別人的評價來作爲成功的實現，用別人的評價來衡量成功，會讓很多人感覺活得很累，感覺自己活得很迷茫，感覺自己無所適從。要知道，個人的想法，其實比輿論的威力還來得強大。一個人對自己的想法，不但指引他未來的方向，甚至可以決定他的命運。堅持自我的個性，你才能走出與他人不一樣的人生道路，才能創造出與別人不一樣的命運。

我們的心中要有盞燈，我們的心中要有把尺，我們的心中要有自己。這樣，我們才不會在紛繁複雜的生活中迷失自我。一切都在自己的個性心理掌握之中，個性心理學讓我們都能走出個性的自我，而不是人云亦云，人行亦行、人想亦想。

相信自己才是自我命運的主宰，任何人都無法左右你的行爲意志。自己的人生是由自己來規劃的，別人給你安排的永遠不能走入你的內心精神世界，那種規劃只能是表面的圖畫，最瑰麗的色彩還需要用自己手中的畫筆來描摹。你的人生是自己走出來的，你就是你人生之船的船長，所以人生的航向要靠自己來把舵。

個性心理學的巧妙之處就是讓你在展現個性風采的同時，別太在意別人，不要爲別人的言語、行動、思想所左右，一定要做自己，不要在別人的言行思想中迷失了自我。

所以，要學會運用個性心理學，別太在意別人，否則你只會迷失自己。堅持走自己的路，讓別人去說吧。在自我個性中描繪具有特色的生活畫卷，會讓你的生活渲染出無窮的色彩。

（三）相信自己的眼睛，不要被別人的危言所嚇倒

波蘭有句諺語：「自己的一隻眼睛，勝過別人的一雙眼睛。」這句話的意思是說，以自己的眼睛，去確定事實真相。自己的一隻眼，勝過別人的一雙眼。

任何一件事情，可以說都有兩個以上的觀點存在，但是我們常常很難完全看清這件事情的全貌，只能從某個角度看到部分真相。看待問題的角度不同，就會形成不同的觀點，也會存在觀點衝突。爲了獲得真知，爲了做對事情，有必要多聽聽別人的意見，這樣就可以對事情的真相了解得更多。

但是，完全聽從別人的觀點，沒有自己的主見，就會無所適從，失去自己。所以，既要在別人的觀點中博採眾長，也要相信自己的眼光和判斷。世上沒有絕對的東西，每一件事也因個人衡量的標準、立場不同，而改變其價值。因此，要善於利用自己的雙

眼，別人的判斷並不能代表你的思想。個性心理學告訴我們，要相信自己的眼睛，不要被別人的危言所嚇倒。

琴納是英國醫師。他在二百多年前，經過實驗，證實用牛痘接種可以使人免除天花。這一結論，在當時遭到多方面的強烈反對。有人說他褻瀆神明；有人指責他把人當牲口；有人提議剝奪他行醫的權利；有人提議把他開除出醫生學會。但琴納不理會這些世俗的偏見和惡意的攻擊，堅信自己的結論是正確的。他說：「讓人家說去吧，我走我的路！」事實最終證明了他的科學結論。就這樣，琴納靠著自信，打開了免疫學的大門，並因此拯救了無數人的生命。

琴納相信自己已經找到了可以免除天花的方法，所以他堅決地進行著自己的實驗，堅信自己理論的正確性。他無視他人的威脅，不被他人的危言所嚇倒，正是這樣的一種執著精神，才使得我們人類在今天能避免天花的危害。

通常情況下，庸人的做法是常常被別人的危言嚇倒，本來事實就在眼前，但是卻已經不再相信自己的眼睛了，這樣勢必會影響自己在已經確定好的正確的人生道路上前進。作爲二十一世紀的人才，我們必須運用好個性心理學，要相信自己的眼睛，明辨是非曲直，不被別人的言行左右。

有位護士剛從學校畢業，在一家醫院實習，期間若能讓院方滿意，便可獲得一份正式工作。一天，有位因車禍而生命垂危的病人需要手術，這位實習護士被安排做外科手術專家、院長亨利教授的助手。當手術結束完，患者傷口即將縫合時，這位護士突然嚴肅地對院長說：「亨利教授，我們用了十二塊紗布，可是您只取出了十一塊。」院長不屑一顧地回答說：「我已經全部取出了，不要多說，立即縫合。」「不，」這位護士高聲抗議道，「我們確實用了十二塊紗布。」院長對此不加理睬，命令道：「聽我的，準備縫合。」這位實習護士聽到後，幾乎大叫起來：「你是醫生，你不能這樣做！」直到這時，院長冷漠的臉上才浮出一絲微笑。他舉起手心裡握著的第十二塊紗布，高聲宣布道：「她是我最合格的助手。」

很多時候，我們之所以會不堅持自己的看法，其實是因爲自己對那個看法還沒有經過嚴密的驗證。一般情況下，權威會影響一個人對某個問題的看法，而我們最終也大都會服從於權威，但那個護士卻毫不畏懼，堅持自己的意見，這份勇氣實在讓人敬佩。這是一種職業道德的選擇，但更是一種對人類理性的堅守。是的，假如對自己的看法有十足的把握，那又怎會因爲別人的幾句話就動搖了呢？

在我們的人生路上，總是有這樣那樣的言論在威懾著我們，如果我們從此被嚇倒，從此不再運用自己的眼睛去嚴謹地觀察的話，那我們永遠不能發現我們生命中的閃亮點。要想有所成就，就要相信自己的眼睛，相信自己的所見，用我們的智慧觀察和分析自己的人生，不因別人的危言所影響，在生命的進程中把握住自己的方向。

只有自己的眼睛才是最真實的，因爲它從不會矇騙自己。用眼睛看是主動的行爲，用耳朵聽常常是被動的行爲。在我們的成長過程中，總不免被各種各樣他人的言論所左右，而影響著我們對外界事物的判斷能力，影響著我們對人生方向的抉擇。但是眼睛卻能讓我們捕捉到最深處的細節，在我們智慧的分析下發現事情的真相。

在當今這個光怪陸離的社會，我們需要的是睿智的雙眼和冷靜的頭腦，而不是他人的危言，智慧的現代人要運用好個性心理學，用一雙慧眼冷靜地看待周圍的一切，繼而分析出自己前進的方向和路徑。

個性心理學是教會你相信自己的眼睛，用眼睛看準自己前進的道路。運用個性心理學的智慧力描繪多彩人生，渲染你的命運彩虹，讓那些對你危言的人和你一起見證你未來豐富瑰麗的美好人生吧！

（四）不要放棄自尊，否則你將一文不值

自尊者必自重，自重者必自愛。「人以禮敬爲先，樹以枝葉爲圓」。「以禮敬爲先」能夠換來別人的以禮相待，「以自尊爲先」同樣能贏得他人的尊重。學高爲人師，身正爲人範。一個不尊重自己的人，怎麼能得到別人的尊重和信任呢？一個不值得人尊重和信任的人，也不會有人願意去與之交往和共事。不自尊，必然影響自己在他人心目中的形象，也必然影響他們的長遠發展。個性心理學讓我們不要放棄自尊，否則你將一文不值。

對人來說，最重要的東西可以說就是尊嚴。在遇到困難和挫折時，自尊自信的人能夠奮發向上，自強不息，征服挫折和失敗，在挫折與失敗中獲得成功。而喪失自尊的人，當遇到困難和挫折時，往往自暴自棄、自輕自賤。缺乏自信的人，在遇到困難和挫折時，首先想到的是自己不行了，從而放棄了努力奮鬥。所以說，沒有自尊、自信的人，是不可能在事業上取得成功的。

自尊要講原則。做人有做人的立場，處事有處事的原則，沒有立場，沒有原則，就等於沒有自尊。榮辱不分、是非不清、美醜不分、曲直不辨，不可能做到自尊。富貴不

能淫，貧賤不能移，威武不能屈，是基本的人格；規規矩矩辦事，堂堂正正做人，是立身之基。

自尊還需要有涵養。自尊不是驕慢，不是狂傲。據說有一次，大詩人歌德在公園散步，在一條狹窄小路上迎面碰到一個曾把他罵得一錢不值的批評家。批評家傲慢地對歌德說：「我沒有給傻瓜讓路的習慣！」歌德卻笑了笑，側身讓到一邊說：「我正相反。」一觸即發的一場爭吵，讓歌德以良好的涵養輕而易舉地避免了。歌德的自尊不但沒有絲毫的降低，反而得到世人的頌揚。

自尊是讓別人尊重你的重要前提，自尊是一個人的道德修養的具體展現，自尊是一個人的內心素質的最好表達。自尊給我們帶來的不僅僅是別人對自己的尊重，更是讓自己峰迴路轉的難得的成功元素。自尊不但是一個人做人的原則和素養，也能改變一個人的命運。

一九一四年冬天，美國一個小鎮來了一群流亡者，好心的人們給這些流亡者送去食物，他們個個狼吞虎嚥。但當鎮長把食物送到一位年輕人面前時，這個肌腸轆轆的逃亡者問：「吃您這麼多東西，您有什麼工作需要我做嗎？我不能白拿您的東西！」

鎮長想想說：「等你吃過飯，我再給你派工作。」「不，工作之後我再吃東西！」

年輕人堅定地回答。二十年後，這個年輕人成了億萬富翁，他就是美國赫赫有名的石油大王哈默。

「別看他現在一無所有，但他可是百分之百的富翁，因為他有自尊。」這是鎮長對哈默最恰當的概括。的確，是自尊賜予了哈默一副倔強不屈的傲骨，自尊同樣給了他無盡的精神和物質財富。

一個人的心靈世界是靠尊嚴支撐的。不怕沒有錢，就怕沒有尊嚴。尊嚴可以改變一個人的命運，所以無論在任何狀況下，我們都不能放棄自尊，否則我們將一文不值。同樣，尊重別人也是維護自己的自尊。

要知道，一個人的價值展現，不但是你本身所具有的才能，還需要更為重要的自尊。自尊的價值不是以金錢來衡量的，因為這是金錢所無法衡量的。要想讓自己的人生更有價值，讓自己這個人更有價值，你就必須擁有自尊的品格，這不僅是成功做人的必要素質，更是讓你人生成功的點金術。

在我們的人生中總會遇到林林總總各樣的困難和挫折，遇到這些並不可怕，可怕的是我們在困難和挫折面前放棄了自尊。如果一個人沒有了自尊，那何談有意義的人生呢？要記住，人生路上的所有成敗都需要我們用自尊來譜寫，譜寫個性化的人生畫卷，渲染我們個性化的生活色彩。

（五）接受批評就是提昇自己

俗話說，良藥苦口利於病，忠言逆耳利於行。但人往往都是喜歡被人誇獎的，很少有人喜歡被別人批評。有時，別人的批評不是對我們個人本身的不滿，而是對我們做事或是對人態度的不滿，他們的批評是對我們做事的建議，並不是無中生有的挑剔。善意的批評可以讓我們知道自己存在著哪些不足和缺點，以便能逐步彌補和改掉它們，從而使自己不斷完善。

西方諺語說：「恭維是蓋著鮮花的深淵，批評是防止你跌倒的拐杖。」聽慣了誇讚之詞的人常常狂妄自大，只有虛心接受批評的人，才能改正缺點，提昇自己。所以，我們必須養成虛心接受批評的習慣。

據法國心理學家高頓教授的一項專題研究證實，一個人如果從來沒遭過批評，身邊總是表揚聲、讚美聲，那麼他一定會變成一個「糊塗的脆弱者」。他就不知道什麼是對的，什麼是錯的，什麼是自己的長處，什麼是自己的缺點。他就不知道怎樣揚長避短，怎樣發展自己。同時，他會變得更柔弱，難以承受任何的外力和打擊。

有一位香皂推銷員，主動要求人家對他提出批評。當他開始為高露潔推銷香皂時，訂單接得很少，他擔心自己會失業。他確信產品或價格都沒有問題，所以問題一定是出在自己身上。因此每當他推銷失敗時，他會在街上走一走，想想什麼地方做得不對，是表達得不夠有說服力，還是熱忱不足？有時他會折回去問那位商家：「我不是回來賣給你香皂的，我希望能得到你的意見與指正。請你告訴我，我剛才什麼地方做錯了？你的經驗比我豐富，事業又成功。請給我一點指正，直言無妨，請不必保留。」他這個態度為他贏得了許多友誼以及珍貴的忠告，後來他升任高露潔公司的總裁。

由此看來，批評對一個人的成功發揮重要的作用。所以，任何人都要樂於接受批評。比爾．蓋茲認為，一個人無論什麼時候都要虛心接受批評，尤其是成長中的年輕人。然而不同的是，有的人剛愎自用，受不得半句批評；有的人虛懷若谷，有批評必一概採納；有些人當面千恩萬謝地接受，轉個身卻忘得一乾二淨；有的人當面硬不認錯，死要面子，背地裡卻能小心地檢討。

美國著名詩人惠特曼這樣說：「難道你的一切只是從那些羨慕你，對你好，常站在你身邊的人那裡得來的嗎？從那些批評你，指責你的人那裡，你學來的豈不是更多？」

所以，我們不要害怕別人批評你，而要勇於接受批評，欣然接受批評。

不過，接受批評，這是一種最難培養的習慣。所以，如果有人批評你，這時不要先替自己辯護。事實上，沒有人喜歡遭批評。在內心深處，我們都明白，批評是提高業績，了解實情並避免災難發生的決定關鍵，但這是件痛苦的事。提出批評需要勇氣，而接受批評則需要更大的勇氣。能在事後感謝批評者的人，就是非常偉大的了。

那麼，面對批評我們應該持什麼樣的態度呢？答案很簡單，虛心地接受，小心地選擇，衷心地採納。

李特爾是十八世紀德國地理學的開創人之一，他慷慨地提拔年輕的批評者——弗勒貝爾的故事是感人至深的。李特爾非但不嫉恨和打擊這位魯莽的批評者，反而把他的批評文章推薦給一家著名的學術刊物，而且他本人還在公開發表的評論裡，對這位青年學者的「敏銳頭腦」和「真摯思想」大加讚揚。後來弗勒貝爾來到柏林，李特爾還熱情接待，爲他安排當時他極爲需要的工作。一位受人尊敬的學術權威，如此對待一位毫不客氣地批評他的後生，真的值得我們學習。

總之，讓我們認真坦然地面對批評吧。接受批評才能提昇自己，才能鍛鍊自己。

第四章

挫折心理學——享受雨打風吹，愛拚才會贏

人的一生沒有一帆風順的，遇到困難、挫折、變故或不順心的人和事都是人生中的正常現象。著名的心理學家馬斯洛說：「挫折對於人來說未必是件壞事，關鍵在於他對待挫折的態度。」正如一首歌中所唱的那樣，「三分天注定，七分靠打拚，愛拚才會贏」。

我們每個人都會遭遇挫折，重要的不是我們遇到的挫折有多嚴重，而是我們在挫折來臨時的人生態度。做人要懂得挫折心理學，當我們面對挫折時，需要運用挫折心理學，只有享受雨打風吹，勇敢拚搏才會成功。

（一）苦難讓生活更美好

人生是一條漫長的旅途。有平坦的大道，也有崎嶇的小路；有燦爛的鮮花，也有密佈的荊棘。在這段旅途上，每個人都不免遭受挫折，而生命的價值就是堅強地闖過挫折，衝出坎坷，將荊棘踏成平坦之路。

生活中如果都是順利沒有挫折，那將是平淡無奇的；生活中如果都是香甜，那豈不是單調。生活中只有酸甜苦辣鹹五味俱全，才能使我們生活得有滋有味，而唯有苦難才能夠調劑出生活的真正滋味。

苦難對於人會產生不同的效果：一種是對生活艱辛的消極埋怨，一種是對生活的珍惜。在苦難中生存過的人，往往會對生活心存感激，他們會把它當作是一筆巨大的精神財富，讓他那淨化了的心靈在喧囂塵世中得以喘息。苦難的磨練對於人的意志是一種考驗，它會讓人迅速成長，對生活產生不同的理解。

「吃得苦中苦，方為人上人」，縱觀世上風雲人物，從古至今，有哪一個不是歷經磨難，方成大器的？正所謂「天將降大任於斯人也，必先苦其心志，勞其筋骨……」磨難越大，得到越多。易得之事易失去，難得之事難失去。

彼得遜說過：「在人生中，經常有無數來自外部的打擊，但這些打擊究竟會對你產生怎樣的影響，最終決定權在你自己的手中。」

諾貝爾生物學和醫學獎獲得者巴雷尼就是在歷經磨難的人生中成爲科學巨人的。巴雷尼出生於奧地利維也納，父親是一名小職員，終日爲生活奔忙。在家裡的六個孩子中，巴雷尼是老大。從幼年起，巴雷尼就飽嘗生活拮据的苦。

更爲不幸的是，他患上了骨結核。由於得不到很好的治療，他的膝關節永遠僵硬了，小小年紀便落下殘疾。幼小的巴雷尼無法接受這個現實，但此時，母親來到巴雷尼的病床前，拉著他的手說：「孩子，媽媽相信你是個堅強的男子漢，希望你能用自己的雙腿，在人生的道路上勇敢地走下去，好嗎？」

聽了母親的話，巴雷尼的心中一下子充滿了無比的勇氣，他以堅定的眼神告訴母親，他一定能夠戰勝自己。

從那天開始，母親每天都會抽出時間來幫巴雷尼練習走路，做體操，常常累得滿頭大汗。有一次，母親得了重感冒，但她仍然下床按計畫幫助巴雷尼練習走路。就這樣，巴雷尼的病情終於因復健鍛鍊而得到控制。母親的榜樣，更是深深教育了巴雷尼，他終於經受住了命運給他的嚴酷打擊。他刻苦學習，成績一直在班上名列前茅。最後，他以優異的成績考進了維也納大學醫學院，他決心要成爲一代名醫，用高超的醫術去解救千千萬萬像他這樣殘疾孩子的痛苦。大學畢業後，巴雷尼以全部精力致力於耳科神經學的研究，最終成爲一九一四年諾貝爾生理學和醫學獎獲得者。

大海正因為有了波濤，才顯得壯觀；人生因為有了挫折，才更加精彩。所以，我們不必為自己曾經或現在所遭受的一些挫折或不開心的事而纏繞，從而影響自己的心情。

在困難與挫折面前，我們不應該選擇逃避，而是要勇敢地面對，並想辦法將其解決。面對任何問題，我們首先要具備的就是一種積極的態度。苦難只會讓我們生活的滋味更加豐富，而不僅僅是單調的蜜糖的甜味。

在世界科學史上，有這樣一位偉大的科學家：他不僅把自己的畢生精力全部貢獻給了科學事業，而且還在身後留下遺囑，把自己的遺產全部捐獻給科學事業，用以獎勵後人，讓他們向科學的高峰努力攀登。今天，以他的名字命名的科學獎，已經成爲舉世矚目的最高科學大獎。他的名字和人類在科學探索中取得的成就，一起永遠地留在了人類社會發展的文明史冊上。這位偉大的科學家，就是世人皆知的瑞典化學家阿爾弗雷德·伯恩哈德·諾貝爾。

諾貝爾一八三三年出生於瑞典首都斯德哥爾摩。他的父親是一位頗有才能的機械師、發明家，但由於經營不佳，屢受挫折。後來，一場大火又燒毀了全部家當，生活完全陷入窮困潦倒的境地，靠借債度日。父親爲躲避債主離家出走，諾貝爾的兩個哥哥在街頭巷尾賣火柴，以便賺錢維持家庭生計。由於生活艱難，諾貝爾一出世就體弱多病，身體不好讓他不能像別的孩子那樣活潑歡快，當別的孩子在一起玩耍時，他卻常常充當旁觀者。童年生活的境遇，使他形成了孤僻、內向的性格。

諾貝爾的父親傾心於化學研究，尤其喜歡研究炸藥。受父親的影響，諾貝爾從小就表現出頑強勇敢的性格。他經常和父親一起去實驗炸藥，幾乎是在轟隆轟隆的爆炸聲中度過了童年。

諾貝爾到了八歲才上學，但只讀了一年書，這也是他所受過的唯一的正規學校教育。到他十歲時，全家遷居到俄國的彼得堡。在那裡，由於語言不通，諾貝爾和兩個哥哥都進不了當地的學校，只好請了一個瑞典的家庭教師，指導他們學習俄、英、法、德等語言。體質虛弱的諾貝爾學習特別勤奮，他好學的態度，不僅得到教師的讚揚，也贏得了父兄的喜愛。然而到了他十五歲時，因家庭經濟困難，交不起學費，兄弟三人只好停止學業。諾貝爾來到了父親開辦的工廠當助手，他細心地觀察、認真地思索，凡是耳聞目睹的那些重要學問，都被他敏銳地吸收進去。

爲了使他學到更多的東西，一八五〇年，父親讓他出國考察學習。兩年的時間裡，他先後去過德國、法國、義大利和美國。由於他善於觀察、認真學習，知識迅速累積，很快成爲一名精通多種語言的學者和有著科學思維的科學家。回國後，在工廠的實踐訓練中，他考察了許多生產流程，不僅增添了許多的實用技術，還熟悉了工廠的生產和管理。就這樣，在歷經了坎坷磨難之後，沒有正式學歷的諾貝爾，終於靠刻苦、持久的自學，逐步成長爲一個科學家和發明家。

有句歌詞說得好，不經風雨，怎能見彩虹。那麼，不經歷苦難，怎能知道後來的幸福、生命的可貴、機遇的難得呢！

一位哲人這樣說過，如果人的成長過程中沒有不幸，那就是他人生的不幸。溫室裡的花草，經不起自然的風霜雨雪；母雞的翅膀下，育不出高飛入雲的雄鷹。

我們每個人在一生中都免不了要經歷一些困苦，總會遭受這樣那樣的苦痛和危機，隨時都有可能身心受創。一個成功的人士，必定在其成長的時候經歷過多次的苦難。而苦難是人生美食大餐中不可缺少的調味劑，試想，如果生活除了甜蜜還是甜蜜，是不是顯得太沒有滋味和情調了？人生是一個百味混搭的宴席，沒有了苦難這味調味劑，未免顯得單調了許多，也太缺少了滄桑的品味。要明白，因爲生活中有了苦難才能更增加我們生活的情趣，豐富我們的生活味蕾，提昇生活的鮮味。

一位名人曾說：「痛苦，就是用一隻強有力的手，操縱一張沉重的鐵犁，深深地犁進難以開墾的土地。但是這土地只要翻開，它的肥沃就會讓土地結出豐碩之果。」苦難是一種奇特的催化劑，惡劣的環境對人的意識是一種摧殘，同樣也是一種磨練。

苦難，不是失敗的理由，只有在大風大浪中依然揚帆啓航的小船，才能到達成功的彼岸。我們經歷了大風大浪，那才是真正的成熟。挫折，將使我們更有出息，將更有利於我們的成長。挫折是我們生活中的苦味，有了這種苦難的味道，生活才能變得更美好。

（二）挫折其實很小，只是畏懼放大了它

德國有一句諺語：「樹木結疤的地方，也是樹幹最堅硬的地方。在大自然中，樹木飽受風吹雨打，樹幹、樹枝會傾倒，會折斷，但還是有機會癒合，有機會繼續生長下去。曾經被折斷的地方，雖然比其他地方難看，但這些部分同時也是這棵樹最堅硬、最有力的地方，可靠地支撐著整棵樹繼續成長，向高空發展。」我們現實生活中的挫折也

是如此。事實上，挫折很小，只是畏懼放大了它。

瓜地馬拉的阿斯圖里亞斯曾經說過，只有那些勇敢鎮定的人，才能熬過黑暗，迎來光明。是啊，面對困難與挫折，我們要勇敢地面對，才能最終克服困難，迎來勝利。當挫折遇到的是一個勇敢的人，那它就會顯得非常小，而如果是一個膽小怯懦的人，那這原本很小的挫折就會被放大，從而被挫折壓倒。所以，我們要用挫折心理學的哲思面對我們人生中的種種挫折。

著名化學家格林尼亞教授，曾走過一段曲折的道路。少年時代，由於家境優裕，加上父母的溺愛，使得他沒有理想，沒有志氣，整天遊蕩。可是好景不常，幾年後他家徹底破產，一貧如洗，昔日的朋友都離他而去，甚至連女友也當眾羞辱他。從此，他醒悟了，開始發憤讀書，立志追回被浪費的時間。九年以後，他研製出格氏試劑，獲得了諾貝爾化學獎。

法國畫家約翰．法郎索亞．米勒，年輕時的作品一幅也賣不出去，他陷在貧窮與絕望的深淵裡。後來，他遷居鄉間。雖然他仍未能擺脫貧困的厄運，但是並沒有停止作畫，從此，他的畫更多地表達美麗的大自然和淳樸的農民。其中《播種者》、《拾穗》等作品，還成爲美術畫廊上的不朽之作。如果他沒有那種不離不棄、奮勇前進的精神，也許永遠都不會誕生出不朽之作。

著名作家高爾基從小就飽嘗人間的辛酸，但即使做工累得腰痠背痛，也不肯放棄讀書，還常常在老闆的皮鞭下偷學寫作，終於成爲著名的作家。

美國的大發明家愛迪生，小時候家裡買不起書，買不起做實驗用的器材，他就到處收集瓶罐。一次，他在火車上做實驗，不小心引起了爆炸，車長甩了他一記耳光，他的一隻耳朵就這樣被打聾了。生活上的困苦，身體上的缺陷，並沒有使他灰心，他更加勤奮地學習，終於成了舉世聞名的科學家。

在德國，有一個造紙工人在生產紙時，不小心弄錯了配方，生產出了一批不能書寫的廢紙。因此，他被老闆解雇。

正當他灰心喪氣、愁眉不展時，他的一位朋友勸他：「任何事情都有兩面性，你不妨變換一種思維看看，也許能從錯誤中找到有用的東西來。」於是他發現，這批紙的吸水性能相當好，可以吸乾家庭器具上的水分。接著，他把紙切成小份，取名「吸水紙」，拿到市場去賣，竟然十分暢銷。後來，他申請了專利，獨家生產吸水紙而發了大財。

從以上這些成功者的經歷來看，挫折對於他們好像並不是什麼災難。當挫折面對畏懼的時候，就會被放大到無限大，但是當面對勇敢的時候，將會被縮小到無限小。

一九八三年，伯森．漢姆徒手登上紐約帝國大廈，在創造了金氏世界紀錄的同時，也贏得了「蜘蛛人」的稱號。美國懼高症康復協會得知這一消息，致電「蜘蛛人」漢姆，打算聘請他做康復協會的心理顧問，因為在美國，有數萬人患有懼高症，他們被這種疾病困擾著，有的甚至不敢站在椅子上換燈泡。

伯森．漢姆接到聘書後，打電話給協會主席諾曼斯，讓他查一查他們協會裡第一〇四二號會員的情況。這位會員的資料很快被調了出來，他的名字叫伯森．漢姆，就是「蜘蛛人」自己。原來，這位創造了金式世界紀錄的高樓攀登者，本身就是一位懼高症患者。

諾曼斯對此大為驚訝。一個站在一樓陽台上都心跳加快的人，竟然能徒手攀上四百多公尺高的大樓，這確實是個令人費解的謎，他決定親自去拜訪一下伯森．漢姆。

諾曼斯來到費城郊外伯森．漢姆的住所。這兒正在舉行一個慶祝會，十幾名記者正圍著一位老太太拍照採訪。原來伯森．漢姆九十四歲的曾祖母聽說漢姆創造了金氏世界紀錄，特意從一百公里外的葛拉斯堡羅徒步趕來，她想以這一行動，為伯森．漢姆的紀錄增添光彩。

誰知這一異想天開的想法，無意間竟創造了一個百歲老人徒步百里的世界紀錄。

《紐約時報》的一位記者問她：當你打算徒步而來的時候，你是否因年齡關係而動搖過？老太太精神矍鑠，朗朗地笑著說：「年輕人，打算一口氣跑一百公里也許需要勇氣，但是走一步路是不需要勇氣的，只要你走一步，接著再走一步，然後一步再一步，一百公里也就走完了。」

懼高症康復協會主席諾曼斯緊接著問伯森．漢姆：你的訣竅是什麼？伯森．漢姆看著自己的曾祖母說：我和曾祖母一樣，雖然我害怕四百多公尺高的大廈，但我並不恐懼一步的高度。所以，我戰勝的只是無數個「一步」而已。

所以說，困難只能嚇倒懶漢、懦夫，而勝利永遠屬於勇於攀登高峰的人們。的確，成功的基礎是敢於面對挫折，敢於面對挫折的收穫就是成功。挫折其實很小，是畏懼把它放大了。勇敢地面對挫折，你就一定會走出一條成功的人生道路。

（三）在失敗面前止步，就是失敗在止步面前

每個人都渴望成功，每個人都希望自己是一個成功者，然而事實上，成功者只是少

數，多數人只能過著極其普通的生活。每個人活著都要承受屬於自己生命的那份壓力和責任，無論有多難，都要相信自己可以戰勝自己。

對待失敗要持正確健康的態度，不要恐懼失敗，要懂得失敗乃是成功的必經之路。俗話說失敗乃成功之母，如果我們在失敗面前止步，那麼，就注定不會走向成功。

有科學家做過這樣的試驗，用一塊玻璃擋在螞蟻來回奔跑的路上，當螞蟻順著玻璃往上爬，爬到快要越過玻璃的時候，就輕輕地將它撥弄下來，這樣往返地折騰上百次，可每次當它從玻璃上摔下來之後，它仍然會沿著玻璃繼續攀登。

在螞蟻的意識中，它們從來不知道什麼叫灰心，什麼叫氣餒。它們只知道周而復始地進行拚搏，進行工作。即使因爲客觀的原因，一次次失敗了，它們也從來不會在困難面前低頭。因爲，它們只把失敗當作一個過程，而不是當作一個結果。所以，失敗對於它們來說，就像通往成功的一條必經之路，無所謂灰心，也無所謂氣餒。

螞蟻可以說是自然界中最頑強、最堅韌的一種生物。它工作起來不但不知疲倦，而且從不在失敗面前低頭。螞蟻的個頭雖然特別小，可它們的精力卻分外充沛。不但夜以繼日、馬不停蹄地工作，而且從不因爲某一件事情的失敗就撒手不幹。螞蟻築巢需要搬運一些特殊的泥土，有時，烈日的曝曬會把它們所銜的泥土一下子就變得硬邦邦的，它們搬回後，就必須用自己的唾液，使泥土漸漸地變得柔軟起來。泥土一次次被曬硬，它們就一次次地用唾液濕潤……以至於用盡了自己的唾液，倒地昏死。颶風的狂吹，有時把它們辛苦工作從遠方運來的築窩材料全部吹個精光，即便這樣它們也永不氣餒，接著又搬。暴雨的沖刷，有時把它們壘到一半的窩巢沖塌，它們總是會重拾殘片，繼續搭建，直到完成……

多少次，多少回，這樣或那樣的不幸，它們好像從不在意和特別地感歎，更不會像人類那樣，牢牢地記住自己一共有多少次不幸、磨難，螞蟻們只是一次次永不氣餒地面對失敗，直到成功到達目的。

用螞蟻面對失敗時的心態面對人生，那麼不慎跌倒並不表示永遠的失敗，唯有跌倒後，失去了奮鬥的勇氣才是永遠的失敗。我們若以平常心觀之，失敗本身也就不足爲奇。一個人若沒有經歷失敗，他就難以嚐到人生的辛酸和苦澀，難以認識到生命的內涵，也就不可能進入真正寧靜祥和的境界。

面對失敗，你是氣餒當逃兵，還是奮起，繼續勇敢地去追求？這對每個人來說都是很大的考驗。我們很多人，在工作中一遇到挫折就偃旗息鼓，這其實就是缺乏進取意識。事實上，一個人的潛力是無限的，只要你願意發揮，積極進取。

保羅．高爾文是個身強力壯的愛爾蘭人。十三歲時，他見別的孩子在火車站月台上賣爆玉米花，他不由得被這個行當吸引了，也一頭闖了進去。但是他不懂得，早已占住地盤的孩子們並不歡迎有人來競爭。爲了讓他懂得這個道理，他們搶走了他的玉米花，把它們全部倒在街上。

第一次世界大戰以後，高爾文從部隊退伍回家，他在威斯康新辦起了一家電池公司。可是無論怎麼賣力折騰，產品依然打不開銷路。有一天，高爾文離開廠房去吃午餐，回來卻見大門上了鎖——公司被查封了，高爾文甚至不能進去取出他掛在衣架上的大衣。

一九二六年，他又跟人合夥做起收音機生意來。當時，全美國估計有三千台收音機，預計兩年後將擴大一百倍。但這些收音機都是用電池作能源的，於是他們想發明一種燈絲電源整流器來代替電池。這個想法本來不錯，但產品還是打不開銷路。眼看著生意一天天走下坡，他們似乎又要停業關門了。

此時，高爾文透過郵購銷售的辦法招攬了大批客戶。他手裡一有錢，就辦起了專門製造整流器和交流電真空管收音機的公司。可是沒出三年，高爾文依然破了產。

這時他已陷入絕境，只剩下最後一個掙扎的機會了。當時他一心想把收音機裝到汽車上，但有許多技術上的困難有待克服。

到一九三〇年年底時，他的製造廠帳面上已欠三百萬美元。在一個週末的晚上，他回到家中，妻子正等他拿錢來買食物、交房租，可他摸遍全身只有二十塊錢，而且全是借來的。然而，高爾文並沒有停止奮鬥，經過多年的不懈努力，高爾文終於成了腰纏萬貫的富翁。他蓋起的豪華住宅，就是用他的第一部汽車收音機的牌子命名的。

通向成功之路並非一帆風順，總會遭受很多挫折和失敗，成功的關鍵在於能否屢敗屢戰。要相信，有失才有得，有大失才能有大得。當你似乎已經走到山窮水盡的時候，離成功也許只有一步之遙了。

愛迪生曾經說過：「失敗也是我需要的，它和成功一樣有價值。」

失敗是一種「強刺激」，對有志者來說，反而會產生增力性的效應。失敗並不總是壞事，也沒有什麼可怕。不要總將注意力盯著你的過錯或失敗，應該對準遠大的目標，活用自己曾經失利的經驗。遇到失敗時，千萬不要氣餒，要堅韌不拔，敢於自我突破。發現此路不通時也不要鑽死胡同，而要設法另謀出路，使自己適應環境，適應潮流。

人人都有失敗，所不同的是，在失敗面前，弱者一味痛苦迷惘，畏縮不前，強者卻堅持不懈地追趕失敗後的成功。面對失敗，不要向失敗低頭示弱，而應該昂首挺胸，重新揚帆，乘風破浪。

在人生的旅程上，有誰是一帆風順的呢？又有誰不是歷盡了不計其數的坎坷才苦盡甘來呢？成功是建立在無數次失敗之上的，沒有那數不盡的失敗經驗，成功從何而來？所以我們要運用挫折心理學，學會在失敗中尋找成功的機會，不能在失敗面前低頭。

（四）做下失敗的標記，不在同一件事上跌倒

在人生之路上前行，不可避免地會遭遇失敗，但沒有前面的失敗就不會有以後的成功。我們在面對失敗的時候，要懂得總結失敗的教訓，而不是一味地讓失敗打倒。所有的失敗都是一種邁向成功的經驗，是我們人生歷程中很好的金礦。我們要智慧地運用挫折心理學，做下失敗的標記，不在同一件事上跌倒。

人們常常對失敗有很大的曲解，很多人面對失敗只是懊喪和氣惱。其實，如果真正認識到了失敗，就能找出失敗的理由，從而避免以後相同的失敗再次來臨。

失敗有兩層真實的涵義：第一，失敗只是暫時的不成功，只是成功路上的必經挫折，每一次挫折都給我們一個經驗，讓我們找到一個個成功的法則，奠定成功的基石，

於是成功指日可待；第二，失敗告訴我們的是應該放棄什麼，放棄該放棄的，才有精力去得到應得的，這是人生的轉折信號。失敗能讓我們及時調整人生的航向，駛向人生最美的港灣，譜寫人生新的篇章。由此可見，面對失敗，我們最重要的是找到失敗的原因，吸取教訓，不再犯同樣的錯誤。

美國有一個叫羅伯特的人，用幾年的時間收集了七萬多件「失敗產品」，然後創辦了一個「失敗產品陳列室」，並一一配上了言簡意賅的解說辭。這一展覽給我們以真實深切的警示。其實，失敗並不可怕，重要的是如何面對失敗。如果從失敗中吸取教訓，那麼失敗在一定程度上也算是成功。

一位雕塑家得到一塊質地上等的大理石，他拿鑿子敲下一塊碎屑後，立即停下來，經過思索，他決定放棄雕塑。後來，雕塑家米開朗基羅得到這塊大理石，並把它雕刻成曠世傑作——大衛像。細心的觀賞者指出大衛背上的一道明顯的傷痕，爲其不能百分之百地完美而惋惜。米開朗基羅糾正道：「那位先生的雕刻和放棄都是極其認真的，留下的那塊傷痕，無時無刻不在提醒我，讓我的每一刀、每一鑿都千百倍地細心，不能有絲毫的疏忽大意。」

米開朗基羅道出了他獲得成功的秘訣——吸取失敗的教訓，認真做好每一件事。其實，失敗的教訓是我們學習和借鑑的經驗，可使我們避免重蹈覆轍，更好地走向成功。

成功的道路上不乏失敗者，沒有哪件事是唾手可得的，即使付出了艱辛的努力，但或者由於經驗和知識的不足，對事物認識上的缺陷，或因客觀條件的限制，也難免會造成失敗。所以，只有善於記取失敗的教訓，冷靜思考，分析失敗的原因，從中找到失敗的癥結，才會使自己「吃一塹、長一智」，爲成功奠定基礎。

有人曾經問道密爾，為什麼總愛收購一些失敗的企業來經營，道密爾的回答很妙：「別人經營失敗的生意，接過來後很容易找出失敗的原因，因為缺陷比較明顯，只要把那些缺點改正過來，自然就賺錢了。這要比自己從頭做一種生意省力很多，風險也小得多。」

道密爾的高明之處就是善於總結前人失敗的原因，讓自己以後的經營不再犯同樣的錯誤，這樣就會避免失敗。有智慧的人不會犯同樣的錯誤，因爲一次錯誤已經足以使他接受教訓了，而且這一次的失敗會成爲他今後人生之路上的重要標記。有了這個重要的標記，就不會再走錯誤的路，而能走向成功的正確道路。對失敗做標記對於我們做人是非常重要的，能避免讓我們在同一件事上跌倒。吃了一次失敗的教訓就要永遠記住，聰明的人不會讓自己犯同樣的錯誤。

真正的智者就是能夠在他人與自己的失敗經歷中發現成功的機緣和成功的經驗。無論我們在人生路上面對多少次失敗，重要的是不要氣餒，而要善於運用挫折心理學中的哲理，做下失敗的標記，不在同一件事上跌倒。在失敗中總結經驗，這一次的失敗就是下一次的成功基石，就是下一次成功的希望。

（五）找到自己的精神支柱

我們每個人都渴望成功，但是在奮鬥的過程中，我們會遇到很多挫折和艱難險阻，有時這些困難甚至會讓我們喪失繼續前進的動力。因此，我們要找到一個精神支柱，在我們遇到挫折的時候，它能夠堅定我們的信念，讓我們克服困難，贏得勝利。

精神支柱是我們每個人奮鬥道路上的燈塔，我們需要它來指引我們前進的方向。

猶太人大衛·布朗出生於一九〇四年。他的父親經營一間小型齒輪製造廠，幾十年一直慘澹經營，僅可以賺取一點生活費。儘管如此，布朗的父親還是一個頭腦清醒的人，他知道自己之所以沒有經營好這個製造廠，是因爲自己缺少專業的知識和做生意的智慧。因此，他把希望全都寄託在布朗身上。

爲此，他嚴格要求布朗的學習和讀書。每逢假日，他就帶布朗到自己的齒輪廠參加工作，與工人們一樣艱苦工作，絕無特殊照顧。布朗在工廠裡工作和生活了很長一段時間，熟悉了工業技術的知識。

透過觀察，布朗發現當代人對汽車的使用已經普及，預感汽車大賽將會成爲人們的一種娛樂方式。於是，布朗決定利用自己在齒輪業務上累積的經驗，向賽車生產這個目標奮鬥，大力發展賽車。爲了不辜負父親的期望，布朗克服了重重困難，終於成立了大衛布朗公司，不惜重金聘請專家和技術人員做設計，採用先進的技術設備進行生產。在一九四八年比利時舉辦的國際汽車大賽中，布朗生產的「馬丁」牌賽車奪了魁，大衛布朗公司因此一舉成名，訂單如雪片般飛來，布朗從此走上了發跡之路。

正是父親的期望，成了布朗奮鬥的精神動力。儘管在創業的道路上遇到了很多困難，但每當想起父親那信任的眼光，布朗就覺得自己必須努力，必須堅持下去，最終他獲得了成功。

的確，人們內心的精神支柱就像空氣一樣，是生命中不可缺少的動力。沒有精神支柱的人就不能成功，就如沒有空氣的人無法生存一樣。

玫琳凱從小就有不服輸的精神，她認爲男女平等，凡是男人能做到的事情，她都能做到。正是這個理念，一直激勵著玫琳凱向前邁進。

退休之前，玫琳凱是「世界禮品公司」的訓練主管。二十世紀五〇、六〇年代，美國社會對婦女非常歧視，玫琳凱能做到這個職位實在是因爲她自己太優秀了。當時女性和男性做同樣的工作，薪資卻往往只能拿到男性的一半，這令玫琳凱十分憤怒。一九六三年，一次出差回來後，她發現自己手下的男助理居然被提昇到比她更高的職位上，她十分氣憤，辭去了工作。

從做了二十五年的直銷職位上退休後，她決定寫下自己二十五年來工作中的種種經歷，以此來幫助其他女性在男性主導的商業社會裡獲得成功。在退休後的一個月裡，她坐在廚房的餐桌旁，列出了兩份清單，一份記述了以往在公司裡發生的各種美好的事情，一份則列舉過去數年來自己所遭遇的問題。在完成這些工作之後，不知不覺中她突然發現自己已經規劃了一套開設自己公司的市場計畫。

於是，她決心發揮自己的最佳能力與男人們一爭高下。最初，玫琳凱的資金只有五千美金，在她二十多歲的兒子羅傑斯的支持下，玫琳凱女士在達拉斯的一個只有五百平方英尺的店面裡正式成立了「玫琳凱化妝品公司」。公司從微不足道的五千美元資本起步，如今的全球批發銷售額已經超過十四億美元。而且，自成立以來的銷售額年平均成長率將近兩位數，銷售部門在三十幾個國家開展業務，美容顧問達到一百萬人。

可見，精神支柱對一個人很重要，尤其是對於一個面對挫折的人來說更加重要。不管遇到什麼挫折，只要精神支柱還在，奮鬥的信念一直還在，我們就不會倒下，我們仍然能夠樂觀、勇敢地面對生活。

可見，信念比努力更重要。只有有了精神理念，我們才會有奮鬥的動力和方向，才能更好地朝著自己的目標前進。

第五章

溝通心理學——把握交流技巧，創造溝通條件

每個社會都離不開溝通，溝通是人與人之間不可缺少的，也是最基本的語言交流。不同的人說出來的話會產生不同的效果，有些人說出來很動聽，有些人說出來卻難以入耳，這就是溝通技巧好與不好的緣故。可以說，溝通在我們的生活當中無處不在，是一種生存的方式。溝通是做人做事的基本功，溝通能力從來沒有像現在這樣成為現代職業人士成功的必要條件。一個職業人士成功的因素百分之七十五靠溝通，百分之二十五靠天才和能力。學會溝通心理學，把握交流技巧，創造溝通條件，將使你在工作、生活中遊刃有餘。

（一）開放的心理與封閉的心理

心理的開放和封閉，與一個人是否能在職場生存、是否富貴、是否成功沒有必然聯繫。但是，相對來說，心態開放者，更見多識廣，更能夠學習和借鑑有用的知識，更善於與人溝通合作，自然也就會有更多的機會成功。退一步講，即使心態封閉的人成功了，相信更開放的心理也將會使他如虎添翼。

而且，一個擁有開放心態的人，通常也不會是一個特別固執的人。

心態不開放，便會意識不到形勢的變化，只認一個理，只信奉一元的價值觀，只能夠一條路走到底。其實，「條條大路通羅馬」，只要合理，就不拒絕改變，這才是開放者所應有的心態。

在社會規範認可的前提之下，沒有什麼不可以調整，重要的是要能「活」。畢竟是你要適應這個社會，而不是這個社會來適應你。

一個有封閉心理的人，雖然一時半會兒很難徹底改變，但是也可以做到有效地溝通。

有封閉心理的人最怕的就是與人打交道。他們與別人說話時不敢看對方，講出的話也是異常簡短和呆板。從來不參加任何團體活動，連一個說點知心話的朋友也沒有。一到有人的場合，就感到別人的目光都在緊緊地注視著自己，以至於緊張得全身發抖，唯一的願望就是趕緊逃離。

溝通是現代人必備的重要技能，也是每天生活中必須要做的重要工作，可以說，管理者每天有百分之八十的時間是在做溝通的事情。作爲有封閉心理的職業人，有必要刻意鍛鍊一下自己的交際能力嗎？雖然從職業發展的角度來看，性格與職業匹配是最佳選擇，但目前，隨著社會開放度的日益加大，完全悶頭工作的職位已越來越少，因此適當鍛鍊一下自己的性格會對自己未來的職業發展有很大幫助。人們常說人在職場，身不由己，所以，無論什麼工作，有更好的溝通技巧，工作起來就會更容易。

良好的人際關係並沒有一個確切的標準，只要你覺得周圍的環境安全可靠，與同事和朋友能友好相處，出現矛盾和問題能友善溝通，便是理想的人際關係環境。

那麼，對於一個有著較強封閉心理的人來說，怎麼去對待職場的人際關係，做到有效地溝通呢？

首先，不能刻意去追求良好的關係，這樣往往會適得其反。在工作之餘，既要赴朋友之約，也要主動發出邀請；

其次，不要封閉自己，多參加團體活動，你會發現許多有趣的東西，並逐漸喜歡與人交往，由此改變獨處的習慣。

第三，在團體活動中，先聽聽別人怎麼說，不要急於發表自己的意見。同時，要不恥下問，切忌不懂裝懂，時間長了，也許你的內向性格就會改變。

第四，要善待他人，多從他人的角度考慮問題，這是理解與被理解的金鑰匙，也是形成良好人際關係的重要基礎。

開放的心理，是一種主動進攻的強勢心理，一種積極溝通與合作的處世原則，更是一種心胸開闊的生活境界，能使弱者變強，強者更強。反之，封閉和保守的心理，則是一種弱勢和防守的心理，一種固步自封的被動挨打哲學，使弱者更弱。

（二）尋找共鳴是溝通的切入點

溝通需要技巧，學會溝通的技巧等於是掌握了成功交流的第一步，而尋找共鳴是溝通的切入點。尋找共鳴是溝通的藝術之一，也就是尋找共同點的藝術。人與人之間的溝通，要讓每一個與你溝通交流的人都感覺到與你有共同點。一般來說，共同點包括共同的利益、共同的認識、共同的興趣、共同的心情以及共同的感受等。

這些共同點尋找得越多，雙方的溝通越充分，效果也就越好。在一個群體中，要使每個人能夠在一個共同目標下協調一致地努力工作，就絕對離不開有效溝通。總體來說，有效溝通的關鍵是尋找和建立共同點，以便發展一種能夠指導重大聯合行動的認同感。↑

一般來說，共同點找得越多，溝通的可行性就越大。各種共同點綜合起來，溝通雙方在思想、認識、感情、心理上產生的共鳴感、共振感就越強。這種共鳴感在溝通的過程中發揮著極爲重要的作用。在共鳴共振的同時，領導者與員工、與溝通對象之間的心理、感情、認識、觀念距離越來越近。慢慢地，雙方的思維、雙方的情緒就會「同步」運動，於是便很容易想到一起，走到一起。認同經由同步而來，溝通關係通常都是從同步開始的。並且，認同的目的幾乎都是達到「同步」，這就形成了一個奇妙的進程：同步↓認同↓同步。同步是溝通的第一步，同步就是溝通雙方彼此經過認同後形成的、有意要達到同樣目標時所採取的相互呼應、步調一致的態度，它意味著溝通在經過彼此認同後正走在通向順利的路上。

二〇〇一年六月，北卡羅來納州首府羅利市著名的 BTI 表演藝術中心的大禮堂內，二千多個觀眾的座位上人頭濟濟，人們正在耐心地等待著本次節目的主角、她們心目中的「訪談皇后」歐普拉的出場。

與一般談話節目不同的是，「歐普拉脫口秀」邀請的嘉賓並非是某一領域的專家或學者，而是普通大眾，談論的主題也主要集中在個人生活方面。爲啓發嘉賓「實話實說」，歐普拉常不惜將自己的一些祕密也告訴對方。當嘉賓的故事令人感動時，她會和嘉賓一起抱頭痛哭。與其他節目相比，「歐普拉脫口秀」更直接、坦誠，也更具個性化，因此深受那些白天在家無所事事、知識層次不是很高的中年人，尤其是中年女性的極力歡迎，而這些人正是收看電視節目的主流人群。

歐普拉透過這種與觀眾共鳴的方式進行自己的訪談類節目，從而達到了空前的成功。尋找共鳴是溝通的切入點，歐普拉找到了她要採訪的人物與自己的共鳴之處，然後運用交流祕密的方式引發這些人的坦白，也滿足了觀眾對名人生活的好奇心。僅僅是一個溝通的共鳴技巧，就讓歐普拉的「脫口秀」節目創造出了品牌價值。

尋找共鳴的藝術要注意以下四點：一是溝通者要真誠，溝通的雙方要相互尊重、相互理解、相互認同；二是溝通雙方要敏感，找對刺激點、關注點。否則無論怎樣溝通，都很難共鳴得起來；三是溝通要圍繞具體的事、具體的觀點、具體的人進行，泛泛溝通是共鳴不起來的；四是明白溝通不是瞬間能夠完成的，要不停地「聽」，不停地「說」，不停地「接受影響」，不停地「施加影響」，不停地鼓勵對方，不停地強化溝通效果。所謂共鳴共振，它一定是由一連串的溝通行爲引起的。

找到共鳴的捷徑，就是談論他關心的話題。在與別人會談之前，最好可以準備別人關心的話題的資料，一方面可以擴充自己的知識面，同時也容易找到共鳴。

溝通的過程是一個由外到內不斷深化、不斷強化的過程。先是尋求共同點，這是淺層次的溝通，外在的溝通是一般的溝通；然後是造成共鳴感，這是深層次的溝通，是內在雙向的溝通；最後是實質性的溝通，即追求並強化認同感的溝通。

由於人與人之間是平等的、互動的關係，是誰也離不開誰的，所以，強化認同感的藝術一般是我們先主動地去認同對方，然後慢慢贏得對方對自己的認同。這種相互的認同會自動形成強化機制，先是認同某一個觀點、某一個興趣、某一個做法，慢慢地就會放大認同的範圍，加大認同的強度。

我們都想成功地與別人溝通，而這個秘訣就是尋找共鳴。和對方產生了共鳴，就會很容易地進入到融洽的談話氣氛中，就能迅速拉近彼此之間的距離，使對方很快把你認同爲知己和朋友，這樣進行下一步的談話就順理成章了，繼而你溝通的目的就能輕鬆實現。所以，我們在與他人溝通時一定要努力尋找能讓對方產生共鳴的話題，進而成功交流。

現代人要想成功做人，必須要掌握溝通心理學。尋找共鳴是溝通的切入點，由這個切入點開始進入溝通的過程，在溝透過程中把握交流技巧，創造溝通條件，就能讓自己成爲溝通交流的高手。

（三）溝通需要耐心，切莫操之過急

現代人士在成功做人的過程中，首先要掌握的是靈活溝通的技巧，在溝通的過程中除了要懂得尋找共鳴的溝通方式，還需要耐心。溝通切莫操之過急，否則將前功盡棄。

事實上，溝通是非常考驗人耐心的一門現代交流技術，但也並不是什麼高難的事情，我們只要掌握了其中的要領，做起來就會得心應手。

耐心是溝通中的重要因素，做任何事都離不開耐心，而人與人之間的溝通，耐心就顯得格外重要了。因爲要想打開一個人的內心世界，除了要有一把萬能鑰匙，還要有足夠的耐心去開啓他人的內心世界。

有這樣一個普通的醫藥銷售員，就是用耐心開啓了醫藥主任的內心世界，從而不但讓自己成了這個主任的知心人，也使自己的業績節節攀升，成爲一名出色的醫藥銷售代表。

一家醫藥公司的銷售代表彼得剛剛接觸了一家醫院，這家醫院對其銷售的產品使用甚少，爲了扭轉不利局面，彼得也想了不少辦法。他了解到科室的主任具有重要的學術地位，並且對他們的藥並不感興趣。

彼得打聽到主任家的住址，準備進行拜訪。可想而知，主任對她很冷淡，但也許是機緣巧合，主任家裡有一個上小學的女兒，那天過去拜訪的時候，彼得見到主任的女兒坐在地板上，正在做手工剪紙。小王說：「主任，我學過美工的，讓我來教她吧。」

主任一開始不肯，可是經不住彼得的熱心要求就同意了。彼得就蹲在地板上幫小女孩剪紙，剪完後，主任說了一句：「那你幫我剪個動物貼在門上吧。」

彼得很奇怪，說這樣並不好看。主任說：「是避邪的。說是請了風水先生來看過，屋裡有邪氣，需要東西鎮一下。」彼得就更奇怪了，堂堂的主任，高級知識份子，怎麼還會迷信！

主任把女兒帶回房間，坐在彼得旁邊的地板上，就和彼得聊起來。原來，這裡頭還有一段故事。主任的丈夫經商賺了不少錢，可是也被騙了不少，不過家境還不錯。可是沒想到，她丈夫有天居然拿了家裡的存款和酒店小姐私奔了。

主任面對突如其來的打擊不知所措。原來主任是個事業心極重的女性，加上臨近更年期，脾氣可能比較急，老公或許因爲受不了而離開了。聽這段往事的時候，彼得也禁不住陪著掉了幾滴眼淚。

之後的幾天，彼得只要一有機會就去陪一下主任，安慰她，成了主任的最佳傾訴人。公司出去旅遊，彼得也請主任帶她的女兒參加。最後，彼得的銷量突飛猛進。

從上面的事例我們可以看出，無論與任何人溝通任何事，只要我們保持一份耐心，就能很容易成功，相反，如果操之過急是根本不會交流成功的。而耐心溝通的另一方面就是學會傾聽，因爲人們常常是很願意向一個知心人傾訴自己的心事的，而這時候如果你能耐心地傾聽，那就等於成功了一半，就像上面案例中的彼得一樣，憑藉耐心讓自己獲得了成功。

與他人交流是打開對方心門的一種方式，而打開一個人的心門不是輕而易舉的事，這需要很大的耐心。有了耐心才能靜下心來傾聽，才能聽出對方話語裡深藏的含義，才能有效地打開對方的心門，爲下一步的成功交流打好基礎。如果操之過急，只能使你停留在對對方表面的認識上，無法進入對方的內心深處，所以必然導致交流失敗。

我們在日常生活中，離不開與各種各樣的人進行溝通和交流，而如何使自己在這複雜的社會人際關係中保持自己的風格，如何使自己成功地做人，如何使自己在形形色色的朋友面前長袖善舞……這一切都需要我們學會用耐心進行溝通和交流。在掌握溝通心理學的過程中，應把握的交流技巧之一就是要有耐心，用耐心來創造溝通條件。

（四）語言親和友善，拉近彼此距離

說話之術可以說關係到一生的成敗。拙嘴笨舌，詞不達意，會使人到處碰壁，寸步難行；巧舌如簧，口吐蓮花，會使你柳暗花明，左右逢源。

會說話能帶來好運，這話並不誇張。說話是一個人與生俱來的天賦，親和友善的語言可以增進人與人之間的相互了解，可以助人成功。因爲透過一個人的談吐、舉止、行爲，往往可以看出這個人的修養水準。如果一個人的語言親和友善，就會很容易拉近彼此的距離。因此，溝通心理學的技巧之一就是建議我們與人交流時使用的語言要親和友善，因爲這是拉近彼此距離的最佳方式。

現代社會高度重視社交，親和友善的語言是社交中最重要的致勝因素。它代表精神、睿智和學識修養，能成長智慧，使人生過得快活。使用親和友善的語言，你就能在現代社交活動中與他人進行充分的交流和有效的溝通，以增進了解、溝通感情，最終達到互助合作的目的。

玫琳凱公司是一家知名的化妝品公司。為了擴大公司產品的影響，玫琳凱女士用的化妝品都是自己的公司生產的，她也不建議公司職員使用其他公司的化妝品。因為她不能理解凱迪拉克轎車的推銷員開著福特轎車四處遊說、人壽保險公司的經理自己不參加保險。那麼，她是怎樣同職員交流這一想法的呢？

有一次，她發現一位經理正在使用另外一家公司生產的粉盒及唇膏。她借機走到那位經理桌旁，微笑著說：「上帝，你在幹嗎？你不會是在公司裡使用其他公司的產品吧？」她的口氣十分輕鬆，臉上洋溢著笑容。那位經理的臉微微地紅了。幾天後，玫琳凱送給那位經理一套公司的口紅和眼影膏並對她說：「如果在使用過程中覺得有什麼不適，歡迎你及時地告訴我。先謝謝你了。」再後來，公司所有的新舊員工都有了一整套本公司生產的適合自己的化妝品和護膚品。玫琳凱女士親自做了詳細的示範，她還告訴員工，以後員工在購買公司的化妝品時可以打折。

玫琳凱親和的態度，友善的語言表達，使她自然地與員工打成了一片，成功地灌輸了她正確的經營理念。友善就是這樣，它是人們說話時一種最有效的態度。這種方式的優點是，易於消除人與人之間的隔膜，進而使傳達者有效地把自己的思想傳遞給被傳達者。

我們可以把親和友善比作盛裝佳餚的器具，而把我們所要表達給別人的思想比作佳餚。如果這器具髒兮兮而又令人討厭，恐怕也不會有人願意品嚐盛在其中的佳餚。對人親和友善是一個人基本的素質，更不要說是在成功做人方面了。對人親和友善能使他人願意與你接近，而不是給人一種「拒人於千里之外」的冷冰冰的感覺。親和友善地待人會讓別人不那麼輕易地把你忘記，可以爲自己廣交朋友，打下良好的人脈基礎；親和友善地待人是爲自己創造成功的機遇和累積成功的價值。親和友善地待人不會讓自己在無形中樹立敵人，反而會在無形中成就自己人生中的貴人。

二〇〇五年七月六日，二〇一二年奧運會申辦活動拉開帷幕，本次要在倫敦、巴黎、馬德里、紐約、莫斯科五個申奧城市中選出一個。

各個城市的宣傳片、陳述都做得很不錯，不過更多的人看好巴黎，因爲巴黎是第三次申奧了，況且其實力也很強，陳述充滿了文化內涵，安全保障也是做得最出色的。當羅格宣布最後的結果是倫敦時，人們一片譁然。巴黎到底輸在哪兒呢?原來，英國首相布雷爾和國際奧會的高級官員親密接觸過，他與國際奧會成員之間的耐心溝通使國際奧會的成員對倫敦認識得更深刻，了解得更具體，印象更好，從而決定了最終的結果。這足以說明溝通的重要性。

在日常交往中，我們要學會使用友善的方式說話。溫和、友善的態度對於改變一個人的信念，往往比咆哮和猛烈的攻擊更爲奏效。

因為在友善的交談中，你可以發現，任何事情都沒有想像中那麼難以應付。有時候，一些難以應付的人或事，會在友善的話語中變得和諧起來。

不管在哪一種情況下，創造與保持親和友善的談話氛圍都會易於交流思想，對事物的看法就易於達成一致，行爲也容易協調，溫和、友善的態度更能讓人改變心意。親和的態度，容易消除人與人之間的隔膜。總之，親和友善的語言是邁向成功溝通交流的階梯之一。

（五）換位思考才能了解更多

生活中我們常會說到一句話叫「將心比心」，就是設身處地將自己擺在對方的位置，用對方的視角去看待世界。這對我們每個人都是很有用的。如果每個人都能抱著這種心態去處理問題，現實中將會少去許多紛爭，多了許多美好，也會使我們的人際相處更和諧。

溝通藝術的秘訣是我們必須要會換位思考，必須站在對方的角度，站在他人的角度進行溝通。試著去適應別人的思維架構，並體會他的看法。換言之，就是要做到不只是「替他著想」，更要能夠想像他的思維，體認他的世界，感受他的感覺。

在社交場合，我們如果換一個看問題的角度，即從對方的立場看問題，就會產生一種奇妙的效果，給對方一種尊重感、歸宿感，使對方縮短與你的心理距離，達到一種心理溝通。

大象波佐是倫敦一家馬戲團的台柱子，一向性情溫順，可是近期卻一反常態，變得煩躁起來，更糟的是它竟然襲擊了飼養員。貪婪的團主決定對它進行公開處決，以此在波佐身上再撈一筆。

公開處決的那天，馬戲團人山人海，好像所有的人都想看看這龐然大物如何喪命槍下。然而，就在處決時間要到的時刻，一位身材矮小的中年男子走上舞台，對團主說，你們大可不必處死它，這樣，讓我走近去跟它說幾句話。團主將信將疑，考慮再三後決定讓男子寫下後果自負的保證，隨後答應了。

男子在眾多目光的注視下從容地走近波佐。大象見陌生人走近，馬上擺動鼻子以示警告。男子也不慌張，開始說話。所有的人都靜靜地聽著，然而即使是離舞台最近的人也聽不懂男子的呢喃，只知道他在說一種外語。再看波佐，先前的警惕已經不在，此刻變得溫順而可憐，像個受了委屈的孩子。台下開始有人鼓掌，接著雷鳴般的掌聲在人群中爆發了，歡呼聲響徹舞台上空。

團主又驚又喜，細問男子緣由。男子笑著說：「這是一隻印度象，習慣聽印度語，你們說的話它聽不懂，當然會變得煩躁不安。」故事結束了，它告訴我們，人們總是用自己的語言對別人說話，完全不管對方能否理解、接受。要想讓溝通更有效，在溝通時，我們應該更多地站在對方的角度，用對方熟悉的語言來跟他說話。

溝通是一門藝術。在溝通的過程中，適當地運用換位思考，可以使溝通更有說服力，更容易達到溝通的目的。

我們在進行溝通的時候，往往只注重充分表達自我，而忽視了解對方的想法。比如在銷售的時候，不論對方是誰，也不管對方的接受能力如何，通常長篇大論介紹賣點，只注意充分表達自我，而忽視了解對方的想法。而事實上，只有在充分了解對方想法的前提下，才能夠充分地表達自我。

通常來說，這個世界是成人的、理性的、冷靜的、邏輯的、自我的，不符合這類標準就會受到冷落、打擊及制止，所以說，換位思考在人際溝通上是非常重要的。因爲不了解對方的立場、感受及想法，我們就無法正確地思考與回應。

在溝通中透過換位思考，可以相互了解、相互尊重，增強信心，建立信任關係。世界上每個人都是不一樣的。換位思考，能夠從對方的角度考慮問題，用對方的思維方式思維，用對方的交流方式交流，會使自己受益良多。換位思考能讓對方輕鬆地在內心深處認同你，接著就會很容易地認同你的觀點。實際上，你是從對方的角度考慮問題而得出自己想要的結果，這樣你的目的就很容易達到了。

當然，換位思考不是帶著你的腦子換到對方的位置上，它實際是指設身處地。換位思考只是一種人際交流和溝通中的一種重要技能，要想成爲一個解決問題的高手，換位思考只是個基礎。知識可以學，能力可以培養，而溝通中的換位思考的境界是修煉出來的。換位思考需要一種智慧，一種爲他人著想的智慧。

撰寫過多本世界暢銷書的卡內基，曾遇到過這麼一件事情。一次，卡內基租用某家大禮堂來講課，對方提出要增加三倍租金。卡內基與這家經理交涉說：「我接到通知，感到有點驚訝，不過這不怪你。因為你是經理，你的責任是盡可能營利。」緊接著，他為經理算了一筆帳，「將禮堂用以舉辦舞會或者晚會，當然會獲大利，但你攆走了我，也就等於攆走了成千上萬有文化的中層管理人員，而他們光顧貴處，是你花錢也買不來的活廣告。那麼哪樣更有利呢？」經理便被他說服了。

卡內基之所以會成功，就在於他分析利弊的時候是站在經理的角度，使經理把心理天平的砝碼加到了卡內基這一邊。汽車大王福特也說過這樣一句話：假如有什麼是成功的祕密的話，就是設身處地爲別人著想，了解別人的態度和觀點。

第六章

識人心理學——透過現象看本質，揭示外表下的真實

我們常聽到這樣的話：讀萬卷書不如行萬里路，行萬里路不如閱人無數。從中我們可以懂得，學會閱人、識人，對於我們的為人處世是多麼重要。尤其面對現在複雜多變的人心，我們如何才能保持冷靜的頭腦和一雙充滿智慧的雙眼識人斷人呢？

學會識人，就等於通曉了人性學。從一個人的言談舉止、興趣愛好、行為習慣等可以看出一個人的品行。做人心理學之識人心理學就是教會你透過每個人的表現看到人心的本質，揭示出每個人外表下的真實內涵。

（一）人不可貌相，即使是乞丐，也不能得罪

我們都知道的一句古語是，人不可貌相，海水不可斗量。這不但是古人給後人的警句，也是老人們在經歷了人生無數閱歷之後的至理名言。識人心理學的第一堂課就是告訴我們，人不可貌相，即使是乞丐，也不能得罪。

其實「人不可貌相」是很簡單的做人哲學，但越是簡單的卻越是難以做到。識人心理學的關鍵在於我們要有一顆沒有分別的心，要時刻保持平常心。在我們身邊有形形色色的人，如果我們沒有一顆平常心去審視周邊林林總總的人，勢必會被每個人的外表所迷惑，這也就是以不變應萬變的道理。我們要用一顆平常心對待身邊的每一個人，無論是富人還是窮人，無論是高官還是平民，無論是貴族還是乞丐，我們都能一視同仁，這樣就不會出現狗眼看人低的窘境了。

多年前，房地產銷售行業發生過這樣一件事。有一個房地產物件是一個地段和風水非常好的別墅社區。

這一天，因為天氣不太好，來看房子的客人根本就沒有，於是銷售人員們都在大廳裡三五成群地聊天。這時候來了一位老人，身上穿著破舊的棉襖，看起來真像一個撿破

爛的，沒有人去搭理他。其中有一個年輕的小業務員走過去，溫和地問這個老人道：「老先生，您想買什麼樣的房型呀？」

老人家說：「哦，我隨便看看。」

其他人一聽更沒有興趣了，可是這個年輕的業務員卻很耐心地給老人講解每一種房型。這個老人聽得也非常認真，等業務員講解完了，老人道聲謝就走了。其他的業務員都說他：「哎呀，你別招呼他了，看著就不像能買得起房子的人，趕快過來歇會兒吧。」

可是過了一會兒，這個老人又推開大門進來了，這回手裡多了一個大旅行袋，這個旅行袋也是夠破的了。

這個年輕的業務員還是笑呵呵地迎上去，把老人迎到沙發那兒坐下，然後又到飲水機那兒倒了杯水給老人。結果，老人說的話讓在場所有的人都大吃一驚。只聽老人跟這個年輕的業務員說：「我買五間，就靠河邊的那五間，都一樣的房型，我全買下了。這是現金，你們點點。」

所有的人都不相信自己的耳朵，以爲聽錯了。這個年輕的業務員也謹慎地問這個老人道：「老先生，您真的要買五間？」

老人點點頭說道：「是啊，我一個老頭兒騙你們做什麼呀。」

於是業務員把相關的手續文件給老人看，然後把旅行袋拿到財務室去清點。

這回所有的人都相信了這個外表看起來像叫花子一樣的老頭真是來買房子的。年輕業務員從財務室出來後，走到老人身邊，說：「老先生，您幹嘛買這麼多房子呀。」

老頭說：「哦，這四間是給我四個孩子的，另一間是我和我老伴住的，我們都住到一起，彼此有個照應。」

業務員幫著把所有的手續都辦完了，然後把鑰匙交給了老人，把老人送出去了，等出去一看，原來門外停著一輛舊車，老人上了車之後把車開走了。其他業務員只能羨慕這個年輕的業務員。

這個事實告訴我們，人不可貌相。如果這個年輕的業務員也和其他業務員一樣以貌取人的話，那這個老頭只好轉到別的房地產公司了。當然，業務員也別想拿到五間別墅的佣金，連一間也別想拿到。正是這個業務員能保持一顆平常心，無論是怎樣身分的客人都一視同仁，所以不但自己得到了數目可觀的仲介費，也讓老人家買到了中意的別墅。可見，只要不以貌取人，就能使雙方都受益。

然而在現實生活中，正因爲人們很難做到保持平常心，所以才會出現各種勢利眼的人。

數年前，一對毫不起眼的老夫婦，在沒有事先約好的情況下，直接去拜訪哈佛的校長。校長的秘書看到老太太穿著褪色棉布衣、老先生穿著布製便宜西裝，立刻斷定這兩個鄉巴佬根本不可能與哈佛有業務來往。

老先生輕聲地說：「我們要見校長。」秘書很不禮貌地說：「他整天都很忙。」

老太太說：「沒關係，我們可以等。」過了幾個鐘頭，秘書一直不理他們，希望他們知難而退，自己走開，可是他們卻一直等在那裡。秘書終於決定通知校長：「也許他們跟您講幾句話就會走開。」校長不耐煩地同意了。

校長很有架子，而且心不甘情不願地面對這對夫婦。

老太太說出造訪的原因：「我們有一個兒子曾經在哈佛讀過一年，他很喜歡哈佛，他在哈佛的生活很快樂。但是去年，他出了意外而死亡，所以我丈夫和我想要在校園裡為他立一個紀念建物。」

校長並沒有被感動，反而覺得可笑，粗聲地說：「夫人，我們不能為每一位曾讀過哈佛而死亡的人立雕像。那會讓我們的校園看起來像墓園一樣。」

老太太說道：「不是，我們不是要豎立一座雕像，我們想要捐一棟大樓給哈佛。」

校長仔細地看著他們不起眼的穿著，然後吐一口氣道：「你們不知道建一棟大樓要花多少錢嗎？學校的建築物要超過七百萬元。」

這時，這位女士沉默不講話了。校長很高興，以爲總算可以把他們打發了。結果，女士轉向她的丈夫說道：「只要七百萬就可以建一座大樓？那我們爲什麼不建一座大學來紀念我們的兒子？」

她的丈夫點頭同意。就這樣，他們離開哈佛，留下充滿遺憾的哈佛校長。他們到了加州，成立了史丹佛大學來紀念他們的兒子。

俗眼常常是以貌取人，俗人常常是借貌哄人。企圖用金子和面子堆砌真實的人生大廈，其結果都會轟然倒塌，顯露的只是自己的無知和可憐。人的價值在於是否有豐富內涵，以貌取人只會自取其辱，只會自己斷送即將到手的成功。事實上，往往越是有料的人越在外表上看起來極其普通，越是沒料的人越要在外表裝樣子。如果是有智慧的人，則不會單純地以外表來判斷一個人身分的真偽。如假包換常常隱藏於表面的平凡之中，只有具有慧眼的人才能看出這個人外表後面所隱藏的真實身分。

識人心理學告誡我們，人不可貌相，在現實生活中，我們都應該以一顆平常心對待任何人，因爲尊重他人就是尊重自己。

（二）切莫斷章取義，勿信隻言片語

人世間的事情千變萬化，人的情感更是複雜多端，在縱橫交錯的複雜人心之中，我們怎樣憑藉一副智慧的頭腦和睿智的雙眼識人、斷人呢？我們只有運用識人心理學的方法時刻保持冷靜的頭腦和智慧的雙眼，從多角度全方位去審視我們身邊所有的人，分析人心，才能夠達到有效溝通。這樣做才不會斷章取義，才不會被某些人的隻言片語所蒙蔽，這樣才能看到人性現象的本質。

有一次，柏拉圖對老師蘇格拉底說：「東格拉底這人很不怎麼樣！」蘇格拉底問：「這話怎麼說？」柏拉圖說：「他老是挑剔你的學說，並且不喜歡你的扁鼻子。」蘇格拉底笑了笑，緩緩地說：「可我倒覺得，他這人很不錯。」柏拉圖問：「你怎麼會這樣認為呢？」蘇格拉底說：「他對他的母親很孝順，每天都照顧得非常周到；他對他的老師十分尊敬，對老師從來沒有不恭的行為；他對朋友們很真誠，常常當面指出別人的弱點，幫助改正；他對孩子很友善，經常和孩子們在一起做遊戲；他對窮人富有同情和憐憫，有一次，我親眼看見他搜出身上最後一個銅板，丟進了乞丐的帽子裡……」

蘇格拉底沒有從柏拉圖的隻言片語中斷章取義地判斷東格拉底，而是用自己的眼睛觀察出東格拉底的爲人，從更全面更客觀的角度了解東格拉底，避免了自己在看人方面的失誤，並且同時教育了自己的弟子。

我們平時的爲人也應如此，無論是看待一個人還是看待一件事，切不可從幾句話中斷章取義，從一些人的隻言片語中對某人妄下斷言，這樣很有可能掉到別人設計好的陷阱裡。在現在這樣一個人才聚集的社會裡，我們必須要比別人聰明百倍，才不會讓自己做人失敗。聽話要會加以判斷，要集合所有人的話加以綜合分析，得出真正的結論。如果只是聽到隻言片語就盲目地斷章取義，結局只能是愚蠢地失敗。這種失敗是因爲自己缺乏綜合分析的智慧造成的，因爲一棵樹丟失了整片的森林。

所以說，我們要做這個社會的精英人物，就必須學習做人心理學，切不可對他人的言行斷章取義，千萬不可相信某些人的隻言片語。

有這樣一個寓言故事：有三頭牛在一起生活，在它們不遠的地方有一隻獅子。獅子很想吃掉它們，可每次當獅子偷襲時，牛總是很團結，獅子根本無法吃掉它們。於是，獅子就下決心去破壞它們之間的友誼。它想把牛分開，這樣，就可以慢慢地吃掉這三頭牛了。後來，獅子看見三頭牛又在一起吃草，有一頭牛離它很近，於是就悄悄走到那頭牛旁邊，對它說：「你的同伴說你對它們不好。」牛相信了他的話，非常氣憤，於是就走過去問，這時獅子又對另一頭牛說：「你的同伴說你在它們中間最懶。」牛聽了也相信了它的話，於是，也去問那兩隻牛。接著，三隻牛碰到了一起，它們互相吵鬧，最後決定分開。這給獅子帶來了很好的機會。隨後，獅子趁三頭牛在獨處時，三下兩下輕而易舉地將它們一個個地吃掉了。

在臨死之前，它們後悔地說，當初沒看穿獅子的陰謀，不然，我們三頭牛也不會落到今天這地步。

由此可見，我們不應該相信別人的隻言片語，更不應該用聽來的隻言片語來判斷朋友和夥伴。

試想，如果我們沒有一個敏銳的頭腦和一雙睿智的眼睛，怎麼可能從一個人的隻言片語來判斷這個人的真正用意？怎麼可能識別出這個人的內心呢？有時候，往往是我們自己愚蠢才掉進了別人的陷阱。

所以，我們在判斷一件事情的時候，千萬不能斷章取義，更不能相信他人的隻言片語。

（三）保持冷靜，別讓恭維之言沖昏你的頭腦

人在社會上行走，不難發現，只要你有點權利，有點有用之處就一定不可避免地被那些有求於你的人所恭維，每到這時候，我們一定要運用好識人心理學的警句：保持冷靜，別讓恭維之言沖昏你的頭腦。

我們都知道「狐假虎威」的寓言，老虎就是因爲聽信了狐狸的恭維，一時之間忘乎所以，結果被狡猾的狐狸當傻瓜一樣地耍。在現實社會中，如果我們在遇到別人對自己恭維的時候，千萬別被美言沖上天，否則到時候可能連怎麼落地都不知道了，那結果一定很慘。

我們經常會被別人叫做帥哥、美女，但不要因此就昏了頭而沾沾自喜。要冷靜地分析一下：第一，人家可能是在恭維你；第二，可能你自己長得還算不錯。然而，只看到你的好看外表的人，就像看到一朵鮮花一樣，只看到了外表，不曾真正關注你內心的喜怒哀樂和氣質涵養。多聽聽那些看得很透的人怎麼說，他們才是你生命中真正值得尊重的良師益友。

在現實生活中，女人不要被男人的恭維之詞沖昏了頭腦，而就此掉入男人的甜蜜陷

阱；男人不要被女人的恭維之詞沖昏了頭腦，而從此被女人玩弄於股掌之中；居高位的人不要被居低位人的恭維之詞沖昏了頭腦，否則將因自視甚高而導致孤立無援；做員工的不要被老闆的恭維之詞沖昏了頭腦，在你因沾沾自喜而犯錯的時候，老闆仍然會毫不留情地把你開除。

然而，人性的弱點決定了人是最經不住恭維的動物。當一個人聽到別人的恭維話時，心中總是非常高興，臉上堆滿笑容，口裡連說：「哪裡，我沒那麼好，你真是很會講話！」即使事後回想，明知對方所講的是恭維話，卻還是沒法抹去心中的那份喜悅。

喜悅歸喜悅，但也要告誡自己在聽到別人對自己說恭維話時，萬不可認爲自己就真的是那樣了，其實說不定此時對你說恭維話的人，在內心裡還不知如何地鄙視你呢。最好的方法是時刻保持冷靜，不讓對方的恭維話沖昏了自己的頭腦，擾亂了自己分析判斷的能力。也許，恭維你的人都是爲了達到他自己的目的，如果你真的相信了他的恭維話，那就真的掉進了人家的圈套裡，這終將導致做人失敗。

愛聽恭維話是人的天性，虛榮心是人性的弱點。當你聽到對方的吹捧和讚揚時，心中會產生一種莫大的優越感和滿足感，自然也就會高高興興地聽從對方的建議，而每當這個時候，也就是掉入恭維你的人的陷阱裡了。

拿買衣服來說，在你試衣時，肯定會受到賣主的恭維：「啊，真漂亮！穿起來非常合身，有氣質、大方、有風度……」本來你是不想買那件衣服的，結果卻買回來了。

第二天，你神氣起來，可是穿了不到兩小時，某條縫線斷了，裂開了一個口子。此時你才曉得，是商家的恭維使你上了當。

大多數情況下，當別人恭維你的時候，一定是對你有所圖的，所以越是這個時候我們越是要保持冷靜，千萬不能讓別人的恭維之詞沖昏了頭腦，而被人家牽著鼻子走。

美國前總統胡佛曾任美國聯邦調查局局長，他為人心計頗多，很少有人能騙過他。他曾規定，聯邦調查局的所有特工人員，都必須嚴格地控制體重，不准超重。那些大腹便便的特工人員都知道，一旦被胡佛局長發現，肯定沒有好下場。但是也有一次例外，他手下的一名胖特工同他開了一個不大不小的玩笑。

有一天，這名胖特工得知自己將被提拔為邁阿密地區特警隊的負責人，任職前胡佛局長要接見他，也就是要當面考查考查他。於是，這名胖特工開始絞盡腦汁地琢磨：我發福得這麼厲害，怎麼才能順利通過局長接見這一關呢？皇天不負苦心人。胖特工在被胡佛接見之前，到街上買了一套衣服，號碼比平時穿的要大得多。他穿上這套新買的衣服一試，非常滿意。因為這給人一種假像，就是減肥卓有成效，至少已經減下四、五公斤的分量了。

到了接見的時候，胖特工穿上這身大號衣服去見胡佛，一見面就感謝局長提出的控制體重的要求，他一本正經地說：「局長控制體重的指示太英明了！這簡直就是救了我的命啊……」

胡佛聽得沾沾自喜，仔細端詳了一陣，不但沒有批評他，反而還連連誇獎，鼓勵他繼續帶頭瘦身。就這樣，胖特工順利地過了關，如願以償地到新職位任職去了。胡佛局長知道了事情的真相後，說了一句發人深思的話：「誰越喜歡恭維，誰就越可能被恭維者支配。」

在日常工作和生活中，我們有些人會被恭維聲包圍。在這種情況下，有的人能夠保持清醒的頭腦，走出恭維的包圍圈，有的卻被恭維所困擾，甚至在恭維面前栽了跟頭。恭維的話好聽，但背後卻隱藏著許多看不見的東西：有的是真誠善意的讚揚，有的是別有用心的討好，有的是心懷叵測的奉承……面對不同的恭維意圖，我們要用不同的方式來處理，從而使自己的人格免受其影響。

面對恭維你的人，我們不妨一笑而過。美國著名交際家卡內基曾說：「人，天生就喜歡被人恭維，也是最經不住恭維的動物。」在恭維的背後，往往隱藏著某種目的。

在與人的交往中，我們總會聽到他人的恭維，而那些話，並不一定是發自他們的肺腑，他們或許僅僅是爲了討好你，爲了自己的某些利益。那麼，如果我們陶醉其中，妄自得意，只會讓自己如墜霧裡，蒙蔽了自己理智的雙眼，分不清是非黑白。而面對恭維最有效的方式就是識人心理學所告誡我們的：面對他人的恭維，要時刻保持冷靜，千萬不要讓恭維之言沖昏了頭腦。

（四）施展移魂大法，要了解他，先變成他

生活在世上，就必然要參與社會交往，社交的範圍與每個人的職業、愛好、生活方式及地理位置有很大關係。但在現實生活中，爲什麼有些人在社交中總交不上朋友，或者是交了朋友沒多久，朋友又離他而去，而且平時和同事的關係也不融洽。究其原因，是這種人在社交中不會使用識人心理學的移魂大法，不懂得要了解對方，先把自己變成對方的道理，從而阻礙了人際關係的正常發展。

《孫子兵法》云：「知己知彼，百戰不殆。」在現實社會中，我們要面對種種的競爭，無論是人力資源的競爭還是市場經濟的競爭，如何在這沒有硝煙的戰場中取勝或者

說是立於不敗之地呢？這就需要用到《孫子兵法》所說的「知己知彼」。「知己知彼」不僅僅是指了解自己、了解對方，更重要的是要深入到對方的內心中掌握一切。這就像武俠小說中常出現的武功秘訣「移魂大法」，將自己的靈魂加入到對方的頭腦中，讓自己成爲對方。

金庸先生在武俠文學中將「移魂大法」描寫得可謂淋漓盡致、神乎其神，其不僅可以從心理上引導人的思維，而且還能夠在一定程度上控制人的行爲。而在現實生活中，做人功夫深厚的人也經常施展這種移魂大法，他們穿透對方的心理，了解和掌握對方的心思。我們要想成功，也必須具備這種高強的移魂大法的做人功夫，深入了解對方之後，才知道如何進行下一步的行動，才能投其所好，把握對方的心理，從對方的角度思考、謀劃，這才是真正的知己知彼，百戰百勝。

比如說，在行銷行業裡，移魂大法是被運用得最多的。作爲銷售人員，要想成功地銷售出自己的商品，就必須充分了解客戶的需求。曾經有這樣的一個銷售團隊，本公司生產的產品在市場上佔有很大的空間，但是不久就被另一個公司的產品佔據了原先的銷售陣地。爲了扭轉這種局面，銷售人員開始研究解決銷售危機的方案。一開始，銷售人員始終找不出原因，也不知該從何處下手，後來一位銷售人員提議可否站在對方的角度研究問題。這一提議提醒了銷售團隊所有的人，於是他們開始把自己變成對方。以對方的心理發現自己公司產品的缺陷，並分析對方公司產品勝於自己公司產品的地方。經過這種換位思考，很快就找到了自己公司產品的問題，之後讓研發部門加以改進，結果使自己公司產品的銷售額又大幅提昇並超過了競爭對手。

如果要想戰勝對方，那就變成對方，以對方的心理進行思考，讓對方的一切變成對自己有利的條件。這樣做不但讓對方察覺不到，反而有可能讓對方把自己當成是你的盟友，從而順利戰勝對方。

費城有位賽爾滋先生，一天他覺得必須給一群意志渙散、充滿失望的汽車推銷員灌輸些熱情和信心。他召開了推銷員會議，讓員工們告訴他，希望從他身上得到些什麼。他在會議中把員工們所提出的意見，都寫在黑板上，然後他說：「我可以給你們所希望得到的，可是希望你們告訴我，我在你們身上，能獲得些什麼？」他很快就有了滿意的答案，那是忠心、誠實、樂觀、進取、合作，每天八小時的熱忱工作，其中有人甚至願意每天工作十四小時。這次會議的結果，使員工們充滿了新的勇氣，新的激勵。此後銷售激增，公司業務蒸蒸日上。

賽爾滋先生說：「我和他們作了一次精神上的交易。我對他們盡我所能，所以他們也盡了最大的力量。跟他們商談他們的需要，那是他們極願意接受的。」

所以說，如果想要對方順從自己的意願，首先要站在對方的角度考慮問題，這就是所謂的移魂大法。將自己變成對方，想想對方會做什麼樣的人，對方會如何處理你要處理的事情。這也是充分了解對方的表現，只是換了一種方式，就是換位思考的方式。

在現實交往中，我們只有運用識人心理學的移魂大法，才能更巧妙地識人斷人，把自己變成你想要了解的人，從而更快更好地深入對方的內心，讓對方跟我們談談他們的願望、需要、想法。了解了對方之後，把對方的這些資訊嫁接到自己的內心，從而達到和對方心思一致，這樣才能得到對方的讚賞和接受。

社會紛繁複雜，各色人等都有，但我們又不得不跟各種各樣的人打交道。所以，要識別一個人，不能只是聽，還要用眼睛仔細去看、去觀察；不能只看其表面，還要透過表面現象透視其內心世界。要擅於運用移魂大法，充分了解對方，知己知彼，因爲讀懂對方才能看準對方。

（五）擦亮慧眼，識別真偽資訊

俗話說，畫虎畫皮難畫骨，知人知面不知心；「世事洞明皆學問，人情練達即文章」，人生「千難萬難」，莫如「人心隔肚皮」。所以，我們很有必要練就「一眼看穿」「一語識破」的高超識別人心的技巧。對人心的識別，就像《霧裡看花》歌中所唱的「借我借我一雙慧眼吧，讓我把這紛擾看得清清楚楚明明白白真真切切……」面對紛繁複雜的人際社會，我們每個人都必須擦亮慧眼，讓自己具備一雙能看透人心的慧眼，儘量準確地判斷人、識別對方的真僞資訊。

我們都說二十一世紀是「資訊化社會」，各種資訊充斥於生活的每一個角落，我們的生活也因此豐富多彩。同樣，在社會交往中，我們要面對形形色色的人，有的會成爲你的貴人，有的會成爲你的敵人，我們必須學會擦亮慧眼，識別對方的真僞資訊。

現代社會可以說是千變萬化，越來越複雜，現實也越來越殘酷，競爭也越來越激烈，人心也越來越深不可測。爲此，看人識人就顯得越發重要。俗話說，成在識人，敗也在識人，只有慧眼識人，才能使一個人獲得真正的成功與幸福。

事實上，如果我們有辨認的智慧，當然就不用擔心被人欺騙，因爲假的終歸是假的，永遠成不了真的。當然，慧眼有時候也會蒙上微塵，進而影響自己的觀察及判斷分析能力，這時候你需要擦亮自己的慧眼，讓它不再蒙塵，重新恢復明亮銳利，用慧眼判斷事情的真僞或人的真僞。假的只能被沒有智慧的人錯認，而沒有智慧的人常常將真的也看成假的。所以，要明辨真僞，我們需要一雙慧眼。

在現實生活中，看錯人是最糟糕的，也是極容易犯的錯誤，與其在貨物的品質上上當，還不如在貨物的價格上受騙。與人周旋和與其他的事比起來，更需要慧眼識人、相人，洞悉他人的內心。

我們時時刻刻都要面對一個相當複雜的人群，應該怎樣認識他們呢?這就要求我們必須練就一雙慧眼，能夠準確地識人、相人。

果戈里的小說《欽差大臣》所描寫的就是市長等高官不辨真僞，把一個騙子當成了欽差大臣而引出的一連串的醜劇。其實這種情況在我們的生活中比比皆是。所以，我們看人的時候一定要仔細，做到識人於微。

據《玉泉子》一書記載，呂元膺任東都留守時，有位處士常陪他下棋。有一次，兩人正對局，突然來了公文，呂元膺只好離開棋盤到公案前去批閱公文，那位棋友乘機偷偷挪動了一個棋子，最後勝了呂元膺。其實呂元膺已經看出他挪動棋子了，只是沒有說破。第二天，呂元膺就請那位棋友到別處去謀生。

呂元膺以一棋子認人，可謂識人於微，毫釐不爽。這裡面有什麼玄奧的道理嗎？沒有，古人說：「不矜細行，終累大德」，「道自微而生，禍自微而成」。一個人的思想素質和道德品質如何，並不一定要等到這個人犯了大錯誤才顯示出來，其實從這個人對很多細小問題的處理上就能有所反映。

識人本應於細微處，但現實生活中仍有不少人忽視這一點，以致犯下用人失察的錯誤。比如宋朝的蔡京，在王安石執政推行新法時，他積極響應，從而得到王安石的信任和提拔。當王安石失勢時，他便很快投身到保守派一邊，反對改革。其實蔡京這個人向來就是牆頭草，而王安石卻疏於對其細微處的考察，以致上當受騙。

總之，相人是一門深奧的哲學，必須像研究學問那樣深刻地研究人。就像西方心理學家佛洛伊德曾經說過的那樣：「任何人都無法保守他內心的祕密。即使他的嘴巴保持沉默，但他的指尖卻喋喋不休，甚至他的每一個毛孔都會背叛他。」

所以，人就好比一本書，只要我們能夠掌握必要的「閱讀」方法與技巧，我們是完全可以把人當作書一樣拿在手中閱讀的。同時，我們也完全可以洞悉人的本性，進而能夠用一種熱情與自信的態度去面對芸芸眾生。

一旦練就了識人的眼力與心力，讀懂人性中的真相，具備洞悉人心的本領，也就意味著你可以看透生活中的人與事，勘破一個人的真偽。讓我們從一個人的言談舉止中，觀人於細緻，察人於無形，輕而易舉地識別他人，深入細緻地了解他人的內心動態，體味人情世故的冷暖，並且能夠分辨事情的真偽，準確地洞悉隱藏在一切假象後面的真相和奧秘。這樣，我們才能夠以不變應萬變，冷靜而坦然地面對各種挫折和磨難。

人就好比一本書，只要我們能夠掌握必要的「閱讀」方法與技巧，我們是完全可以把人當作書一樣拿在手中閱讀的。

第七章

處世心理學——善己待人，原來生活可以更美的

處世是一種藝術，也是一種哲學，更是一種功夫。人與人之間的關係說簡單也簡單，說複雜也複雜，這都是由於人為的因素決定的。但無論如何，你不學會處世，可能再簡單的問題也會變得更複雜；反之，再複雜的問題也會變得簡單。每個人都要活在人群之中，只顧自己而不顧別人，是最低等的做人之道；又顧自己又顧別人，才是最妙的處世學問。處世心理學指導我們善己待人，這樣做你會發現，原來生活可以更美的。

(一)原則為人，圓滑處事

從社會交往能力和適應力的角度看，為人適當圓滑是具有良好的社會交往能力的展現。這樣的人往往對所處的環境和他人的感受有著極其敏銳的判斷，會根據當時的處境說出在當時最該說的話，做出在當時最該做的事。這種人通常在各個方面都適應得比較好，能夠很快投入到一個全新的人際環境當中。

但是，人與人之間的交往說到底還是需要心與心之間的交流的。所以，我們在處事圓滑的同時，一定要記住一個原則：為人誠實，誠信為本。試想，與一個不但在處事上圓滑，而且在為人上也虛偽的人長期交往，怎麼能讓人感覺放心呢？這種人怎麼能交得到真正的朋友呢？

圓滑，是一種處世哲學，雖不高深，卻並非人人皆可悟其精義，得其要領。因為處世圓滑不但需要閱歷與智慧，更需要一種做人的原則。這就是識人心理學告訴我們的做人之道：原則為人，圓滑處事。

當然，原則為人並不是拋開做事的圓滑方式，而圓滑處事也不是拋開做人的原則，這兩個對成功做人缺一不可，不能只取其中的任何一方，那樣只能使自己偏執一處，而走向兩個極端。中國人的做人一向講究中庸，原則爲人同時又能圓滑處事正是這種中庸做人的智慧展現。做人要有自己的原則，不能一味地圓滑，圓滑處事要以原則做人爲輔助，或者說二者是同時並存的做人藝術。

德意志的布洛親王就是在危急時候用圓滑的處事方法解救了自己。一九〇九年，當時的德國在整個歐洲大陸堪稱後起之秀，雖然不能與老牌強國英國和法國相提並論，但它的實力絕不允許任何一個國家小瞧它。威廉二世作爲一國之君，極其傲慢，經常口無遮攔。

布洛親王為人謙虛和善、風度優雅，深得德國人民的愛戴。同時他也對威廉二世的所作所為極為不滿，認為他不能算是一位賢明的君主。所以，當威廉二世向他提出一些荒謬的建議時，他再也無法忍受了，極力控制著自己的情緒，對威廉二世說：「陛下，這對我來說幾乎不可能。全德國和英國沒有人會相信我有能力建議陛下說出這些話。況且，一個人總要為他所做的一切承擔責任，不是嗎？」

布洛親王的話剛一出口，就意識到自己犯了一個大錯誤，他想改口已經來不及了。

「住口！」威廉二世聽到布洛親王這樣對自己講話，大為惱火，他咆哮道：「你認為我是一個蠢人嗎？難道你自己就沒有犯過錯誤嗎？你膽敢蔑視國王！」

布洛親王知道自己剛才講話的方式欠妥，但已經太遲了，話已出口，想收也來不及了。他只好改變策略，十分誠懇地對威廉二世說：「我絕對沒有這個意思，陛下在許多方面都勝我很多，尤其是在自然科學方面。在陛下解釋溫度計或是無線電報，或是倫琴放射線的時候，我經常是注意傾聽的。而且內心十分佩服陛下，同時對自己十分慚愧，因為我對自然科學的每一門都茫然無知，對物理和化學毫無概念，甚至連解釋最簡單的自然現象的能力都沒有。」

布洛親王繼續說：「但是為了補償這方面的缺點，我學習了某些歷史知識以及一些可能在政治上，特別是對外交上有幫助的知識。」

當威廉二世聽到這裡時，臉上終於露出了微笑，他說：「我不是經常告訴你，我們兩人互補長短，就可以聞名於世嗎？我們應該團結在一起，我們應該如此。」接著，他十分激動地握住布洛親王的雙手繼續說：「如果任何一個人敢對我說你布洛親王的壞話，我就一拳打在他的鼻子上。」

布洛親王用圓滑的的處事方式解救了自己，但是又保持著自己的謙和、有禮的做人原則，不但沒有得罪威廉二世，反而在沒有喪失自己做人原則的情況下得到了威廉二世的讚許，這可以說是原則做人，圓滑處事的極好範例。

做個圓滑的老實人，就是要做個處事靈活而心態成熟的人。就是要在人際交往中保持適度的彈性，把握說話的分寸，學會婉轉和含糊，以保持平衡的人際關係，重視生活中的社交應酬，透過一些生活和工作的細節樹立好的人緣，同時要與朋友進行真正有價值的交往，在日常生活中建立起深厚的友情。

在工作當中，對不同類型的同事應採取不同的策略，還要讓你的頂頭上司了解和喜歡你，與上級保持良好的人際關係，以便於更好地開展工作。面對想要做的事，則既要堅持做人的原則，又要會靈活變通，要學會保護自己的利益，明智地推托掉與自己不相干的事。而且一定要爲人善良，避免傷害到別人。

人生在世，做人是第一大事。怎樣做人，做一個什麼樣的人，關係到一個人的立身處世，生存發展，事業成敗和家庭幸福，更關係到社會的安定和諧。

雖然每個人的生活環境不同，文化層次不同，因而所追求的目標和理想也不盡相同。但是，在內心深處，每個人都會有自己不同程度的做人原則。

做人不能沒有原則，沒有了做人的原則，也就沒有了衡量對與錯的尺度。

（二）公雞的炫耀，最終要付出生命的代價

做人不可過多地炫耀，對自己要輕描淡寫，要學會謙虛，只有這樣，我們才會永遠受到別人的歡迎。要永遠記住「公雞的炫耀，最終要付出生命的代價」。

有一位學者曾有過這樣的一番妙論：「你有什麼可以值得炫耀的嗎？你知道是什麼原因使你沒有成爲白癡的嗎？其實不是什麼了不起的東西，只不過是你甲狀腺中的碘而已，價值並不高，才五分錢。如果別人割開你頸部的甲狀腺，取出一點點的碘，你就變成一個白癡了。在藥房中五分錢就可以買到這些碘，這就是使你沒有住在瘋人院的東西——價值五分錢的東西，有什麼好談的呢？」事實上，越是有涵養、穩重的成功人士，態度越謙虛，相反，只有那些淺薄的自以爲有所成就的人才會驕傲。

下面的這個事例就是告訴我們，如果忘乎所以地炫耀，將付出巨大的代價。

小花家有一隻小公雞，它的眼睛烏黑發亮，它的羽毛黃裡夾著白，白裡夾著暗紅，紅裡透著亮，好看極了。

小花特別喜歡這隻小公雞，她整天追著它玩，並替它梳理鮮豔的羽毛，只要有一點髒，就用蘸了水的濕布清洗乾淨。小公雞卻不高興與她玩，它怕自己的羽毛被弄掉了、

弄皺了。

一天，它乘小花不注意，偷跑出去，邊跑還邊張開翅膀，得意地搖著頭，擺著尾，炫耀它那一身漂亮的羽毛。跑著跑著，它來到了村頭的廣場上，有一群孩子正在踢毽子。

「快看！一隻漂亮的小公雞！」一個孩子突然大叫起來，其他孩子聽見叫聲，立即停止玩耍，興奮地向小公雞圍了過來。

「是呀！這雞毛真漂亮！」一個靠近它的小孩伸手摸著它的羽毛說。

「是呀！真漂亮！」其他孩子也都圍了過來。

小公雞見大家兩眼發亮，並不斷誇讚它，它激動得不得了，拍打著翅膀在孩子們圍成的圈子裡飛舞起來，渾身漂亮的羽毛在太陽光的照射下越發光亮。它得意地想：「幸虧我偷跑出來，不然誰會知道我有這麼漂亮的羽毛呢！」

「這雞毛用來做毽子一定很漂亮，而且會飛得高！」正當大家靜靜地欣賞它的舞姿時，一個小孩突然跳了起來。

「是呀！我怎麼沒想到呢！快抓住它！」另一個小孩立即命令道。

還沒等小公雞反應過來，它已經被孩子們按住，並從它的翅膀上拔出一根又一根羽毛，不一會兒，一身漂亮的羽毛就沒了，剩下的全是小茸毛。

小公雞兩眼含著淚，低著頭，忍著痛，一步一步朝家走去。當它走進院子裡時，聽見小花一邊哭一邊喊它的名字。它跑到小花面前，使出吃奶的力氣，仰頭「咕咕」地叫了兩聲，就癱倒在地。

小花一見，立即將它抱在懷裡，哭著說：「你跑到哪去了？受傷了？」它奮力張開幾乎沒有羽毛的翅膀，又叫了兩聲。小花伸手，輕輕地撫摸著它受傷的翅膀，安慰道：「羽毛沒有了，會長出來的，只是以後別再輕易炫耀自己。」

自古炫耀不花錢，吹牛不用交稅。但是，卻不知道當你正在失去理智地大加炫耀的時候，危機正在下一刻等著你呢。炫耀帶給你的從來都不是做人的成功，只能是做人的失敗，而且還會威脅到自己的生命。

石油大王洛克菲勒曾說：「當我從事的石油事業蒸蒸日上時，我晚上睡前總會拍拍自己的額角說：『如今你的成就還是微乎其微，以後路途仍多險阻，要是一失足，就會前功盡棄，切勿讓自滿的意念侵吞你的腦袋，當心，當心！』」這就是告誡人們要謙虛，尤其是稍有成就時更應格外小心，不要驕傲。

槍打出頭鳥，高調惹禍端；木秀於林，風必摧之；行離於人，眾必誹之；露鋒芒於外，傷己身於內。得意忘形，身敗名裂，喜歡炫耀，到頭來可能會自討苦吃。自恃己能，必遭其辱。做人的成功是要學會隱藏成功，而且是必須具有的智慧和素養。越是成功的人越不會炫耀自己的豐功偉績，越不會張揚輕狂，而是時時刻刻都在提醒自己內斂不驕狂。反而是那些不成功或者是半成功的人才會膚淺地到處向世人宣揚自己的能力，炫耀自己的種種過人之處，豈不知這已經給自己埋下了禍根。這種人只能被世人作爲飯後的八卦或者是評論的笑柄，根本不會得到他人的尊重。

要想「高人一籌」，先學「低人一等」。做人要記住不要過分張揚，要和周圍的人保持協調。自誇則人必疑，自謙則人必服，位高名顯之時，更要低調謹慎，氣不可太盛，才不必太露，別把自己太當回事。將姿態放低點，架子擺小些，智者守住本分，愚人越過底線，財大不可氣粗，居功不可自傲，莫吹噓自己之能，莫炫耀風光之事，低姿態生活，高境界做人才是生活的根本。

我們在社會中做人，必須要謹記上面公雞的遭遇，切不可炫耀。真正成功做人的方式是識人心理學告誡我們的：公雞的炫耀，最終要付出生命的代價。

（三）請寬容些，你不會從計較別人的過錯中得到任何好處

寬容待人，是中華民族的傳統。寬容待人是一種博大而深邃的胸懷，是人類的最高美德，是一種思想修養，也是人生的真諦。你能容人，別人才能容你。但是，當別人出現了過錯時，你會如何做呢？識人心理學的做人方式是當別人出現過錯的時候，你的態度應該更寬容些，因爲你不會從計較別人的過錯中得到任何好處。

那麼，怎樣才能做到寬容待人呢？

首先，要以常人的心態去面對周圍發生的不正常的事，這些事中可能有別人的錯誤、失誤，甚至有意的傷害。如果不寬容，可能就會發生爭吵。其次，要以寬闊的胸懷待人。「金無足赤，人無完人」，「退一步海闊天空，忍一時風平浪靜」。多一份理解，學會換位思考，主動溝通。

第三，要以良好的修養表現自己。生活中肚量最爲重要，「將軍額頭可跑馬，宰相肚裡能撐船」，寬容乃是人類性格互動的空間。懂得寬容別人，自己就有了迴旋的餘地。第四，還要做到以愛心爲行動指導。原諒那些曾傷害過我們的人，這雖然不是一件容易的事，但是如果我們這樣做了，就會從中體驗到寬容的快樂。

當然，寬容並不意味著可以不講原則，寬容一切無理的行爲。「大事講原則，小事講風格」。「大事聰明，小事糊塗」。寬容是在不違背大原則前提下的一種理解和諒解，是一種誠實和厚道。

我們生活在社會這個大群體裡，人與人之間免不了會發生一些磕磕碰碰，常常因一時的疏忽，或冒犯了別人，或別人冒犯了我們。一句「對不起」，一聲「沒關係」，就能讓一切不愉快煙消雲散，使彼此重歸和睦與友善。

「我從未遇見過一個我不喜歡的人，」威爾．羅吉士說。這位幽默大師能說出這麼一句話，大概是因爲不喜歡他的人絕無僅有。羅吉士年輕時有過這樣一件事，可爲佐證。

一八九八年冬天，羅吉士繼承了一個牧場。有一天，他養的一頭牛因衝破附近農家的籬笆去齧食嫩玉米，被農夫殺死了。按照牧場規矩，農夫應該通知羅吉士並說明原因。但農夫沒有這樣做。羅吉士發現這件事後，非常生氣，便叫一名傭工陪他騎馬去和農夫論理。

他們半路上遇到寒流，人與馬身上都掛滿冰霜，兩人差點凍僵了。抵達木屋的時候，農夫不在家。農夫的妻子熱情地邀請兩位客人進去烤火，等她丈夫回來。羅吉士烤火時，看見那女人消瘦憔悴，也發覺五個躲在桌椅後面對他窺探的孩子極其瘦弱。

農夫回來了，妻子告訴他羅吉士和傭工是冒著狂風嚴寒來的。羅吉士原要開口跟農夫論理，忽然決定不說了，他伸出了手。農夫不曉得羅吉士的來意，便和他握手，留他們吃晚飯。「二位只好吃些豆子，」他抱歉他說，「因爲剛剛在宰牛，忽然起了風，沒能宰好。」

盛情難卻，兩人便留下了。

吃飯的時候，傭工一直等待羅吉士開口講起殺牛的事，但是羅吉士只跟這家人說說笑笑，孩子一聽說從明天起幾個星期都有牛肉吃，便高興得眼睛發亮。

飯後，狂風仍在怒號，主人夫婦一定要兩位客人留下。兩人於是又在那裡過夜。

第二天早上，兩人喝了黑咖啡，吃了熱豆子和麵包，肚子飽飽地上路了。羅吉士對此行來意依然閉口不提。傭工就責備他：「我還以爲你爲了那頭牛要來大大興師問罪呢。」

羅吉士半晌不做聲，然後回答：「我本來有這個念頭，但是後來又盤算了一下。你知道嗎，我實際上並未白白失掉一頭牛，我換到了一點人情味。世界上的牛何止千萬，人情才稀罕。」

寬容的人從不計較個人得失，其心量就如同空谷一般可以涵愛、寬容一切。羅吉士就是一個寬容的人，同時也是一個活在快樂中的人。寬容是溫暖的陽光，可融化最堅固的冰川；是化解衝突的良藥，可讓社會和諧和安定。俗話說，金無足赤，人無完人。孔子曰：「人非聖賢，孰能無過？」有錯、有過，該如何對待？明智的辦法就是「寬容為上」。著名思想家波普曾說：「錯誤在所難免，寬恕就是神聖。」

寬容待人是一種美德，是一種思想修養，也是人生的真諦，你能容人，別人才能容你，這是生活的辨證法則。人不能孤立地生活，他需要社會。社會需要相互的諒解，相互的寬容。

學會寬容，人與人之間便會多幾分理解，多幾分感激。學會寬容，人世間便會多幾分溫暖，多幾分關愛。一個人只有具備了寬容的品格，才會懂得理解和尊重他人，才會有愛人之心，容人之量，成為識大體、顧大局的人。

寬容待人在為別人打開成功之路的同時也於無形中為自己拓寬了成功的道路，我們在社會中討生活，不能樹立敵人，而要多交朋友，多為自己儲存貴人，朋友和貴人多了，自然就能成功。因為有大家的幫助，能使你多了很多有力量的臂膀，扶助你走向成功。

善待別人，就是善待自己。多些寬容，多些諒解，少些計較。懂得了寬容，也就懂得了幸福。人人懷有一顆寬容的心，世界將變得更加美好。請記住識人心理學的哲言：請寬容些，你不會從計較別人的過錯中得到任何好處。

（四）不要指望從揭人短處中得到什麼

有這樣一個傳說，說龍的喉下有一段倒長的鱗，叫做「逆鱗」，長約尺餘。即使這條龍的脾氣再好，只要有人去碰觸「逆鱗」，龍就會暴怒殺人。這段「逆鱗」就是龍的短處。人也是如此，無論一個人的出身、地位、權勢、風度多麼傲人，無論這個人的修養，性格，秉性多麼溫和，也都有不能讓別人揭開、宣揚的角落。俗話說：「打人不打臉，揭人不揭短！」人在社會上生活，沒有不犯錯的。別人犯了錯我們應以怎樣的態度去對待呢？識人心理學的做人原則是：不要指望從揭人短處中得到什麼。

禍，莫大於言人之是非；辱，莫大於論人之短長。每個人都有自己的長處和短處，而揭短是最讓人難堪的事情。其實，人們早就把「不揭人短」當做一種做人的準則，當做守口如瓶的品德。「矮子面前莫說短話」，「當著和尚莫說禿」。

職場上，每個人每天和同事、上司之間都有話要說。說什麼、怎麼說，什麼話能說、什麼話不能說，這些都能夠反映一個人對說話藝術的掌握程度。很多時候，有些人吃虧就是因為不懂得如何說話。

試想，如果一個人在社會中沒有朋友，在工作中沒有同伴，那將會是怎樣的情形。人無完人，每一個人都會有缺點，誰會願意讓人把自己的短處到處宣揚呢？既然如此，我們就應當將心比心。如果你今天為了某種原因揭了別人的短，有一天別人也會把你的短處講出來。一個善於和別人打交道的人，是一個能夠管住自己嘴巴的人，絕不會去揭別人的短處。

看人還應多看他人的長處，不應抓住別人一點短處就不放。刻意揭人短是一種惡劣的品行，為世人所不恥。要知道，每個人都喜歡炫耀自己的長處，都小心翼翼地掩飾自己的短處。對於別人揭己之短的舉動，哪怕是無意的，往往也會採取斷然的反擊，而且這種反擊是全力的、致命的。

面對這樣的反擊，揭人短處的人勢必會遭受打擊。這是多麼愚蠢的做法。揭人短處不但得不到任何好處，反而樹立了很多敵人。這是在社會中做人的大忌。

在待人處世中，場面話誰都會說，但並不是誰都能說好，一不小心，也許你就踏進了言語的「地雷區」，觸到了對方的隱私或痛處，犯了對方的忌，給聽話者造成了一定的傷害。

其實，每個人都有所長，亦有所短。待人處世的成功，一個很重要的因素就是善於發現對方身上的優點，誇獎對方的長處，而不是抓住別人的隱私、痛處和缺點，大做文章。切記：揭人之短，傷人自尊！

揭短是最不尊重別人的表現，也是最容易傷害別人，給自己樹立敵人的方式，如果你想封閉自己的成功之路，封閉自己的人脈關係，就去揭人之短。反之，如果你想成功做人，你想在社會上多結識朋友，希望有更多的人幫助你，就要避免揭人之短。

「揭短」有時是故意的，那是互相敵視的雙方用來作爲攻擊對方的武器。「揭短」有時又是無意的，那是因爲某種原因一不小心犯了對方的忌諱。有心也好，無意也罷，在待人處世中揭人之短都會傷害對方的自尊，輕則影響雙方的感情，重則導致友誼的破裂。所以，還是俗話說得好，「打人不打臉，揭人不揭短」，要想與人友好相處，就要儘量體諒他人，維護他人的自尊，避開言語「地雷區」，千萬不要戳人痛處。

（五）遮掩不等於欺騙，戴面具是最好的自我保護

《夜宴》中，太子無鸞說，演藝的最高境界是帶著面具表演，別人看不到你的喜怒哀樂。婉后說，最高的境界是把自己的臉變成面具。明明你對別人的言行心生蔑視，面具卻能使人從你臉上讀到尊重；眼看不必要的衝突即將發生，面具卻使你們心平氣和下來，並化干戈為玉帛。所以說，遮掩不等於欺騙，戴面具是最好的自我保護，這就是做人心理學。

很多人說到面具，往往與「虛僞」，「醜惡」，「陰暗」等詞聯繫起來，但面具卻能讓我們不曝露自己的真實想法和喜怒哀樂，這種遮掩不是欺騙，而是現實社會中非常必要的自我保護的工具。

在現代社會，戴上面具不僅是迫不得已的事情，更是十分有必要的。它保證了我們能夠與人，甚至是與那些我們並不喜歡的人和睦相處。面具爲各種社會交際提供了多重可能性，是社會公共生活的基礎。它的產生不僅僅是爲了認識社會，更是爲了尋求社會認同。要是不戴面具，反而會影響你的人際關係以及生活品質。

從某個方面說，面具是實現和諧社會的工具。它教我們如何適應這個複雜多變的社

會，如何融入其中，並有效地自我保護。因爲我們每個人在社會生活中都要扮演很多不同的角色，在父母面前，我們是孩子；在孩子面前，我們是父母；在上司面前，我們是下屬；在下屬面前，我們是上司……因此，我們的面具也可能不止一個。無論是何種面具，目的都是一個——適應特定的社會環境，保護自我。

面具能夠幫助我們展現出想要展現的一面，遊刃有餘地生活，能給別人留下一個好印象。因此，爲了實現自己的理想和目標，在利己不損人的前提下，戴一個可人的面具又有何不可呢？

爲了保護自己，我們必須戴著面具掩飾自己的赤裸裸的人性，小心地控制自己，以免我們的身體不經意地洩露出隱藏在內心的真情實感。

每個人都有屬於自己的祕密，既然是祕密，就不希望讓別人知道。然而有時侯，我們常常會在不知不覺中將自己的祕密洩露在我們的表情上、言談中、舉止間。要是你能戴一副面具，相信祕密就不會那麼容易洩漏了。

帶面具的人並非是虛假，只是心裡比別人多一些祕密而已，讓旁人無法識破你的真實情況。現在越來越多的人帶著假面具，其實這只是一種迫不得已的無可奈何，一種自我保護不讓自己受傷的正當行爲。在這個世界上，最快樂的就是那些帶著假面具生活的人，如果一個人不懂得掩蓋自己，就會輕易被人隨意塗抹，把你塗抹得面目全非。

總之，面具是人們在生活中爲了保護自己而出現的，在生活中它是必不可少的，我們應該利用這個面具，讓生活更從容。

（六）保持工作熱情，不要抱怨

很多人都在抱怨自己的工作，工作太累，薪資太少，總想找一份錢多事少離家近的工作，眼睛總是盯著別人的工作，覺得別人的工作總是輕鬆、高薪、體面的，工作上稍有不如意，就不停地抱怨。可是，抱怨能解決問題嗎？抱怨能使你擺脫現狀嗎？抱怨能使你的工作越來越好嗎？世界上沒有十全十美的工作，與其抱怨，不如改變心態。命運不會因爲抱怨而改變，要想改變自己的命運，首先就要努力工作。

愛默生曾說：「有史以來，沒有任何一項偉大的事業不是因爲熱情而成功的。」一個熱情的人，無論是做清潔工還是當公司經理，都會認爲自己的工作是一項神聖的天職，並懷有濃厚的興趣。

有個美國記者到墨西哥的一個部落採訪。這天是個集市日，當地土著都拿著自己的物產到集市上交易。

這位美國記者看見一個老太太在賣檸檬，五美分一個。老太太的生意顯然不太好，一上午也沒賣出去幾個。記者動了惻隱之心，打算把老太太的檸檬全部買下來，以便使她能高高興興地早些回家。

當他把自己的想法告訴老太太的時候，她的話卻讓記者大吃一驚：「都賣給你？那我下午賣什麼？」

可以說，人生最大的價值就是對工作有興趣。然而，在職場中，像賣檸檬的老太太那樣，對工作充滿熱情的人並不多。其實，工作並不只是謀生的手段。當我們把它看做一種快樂的使命並投入自己的熱情時，上班就不再是一件苦差事。

工作熱情是成就一切的前提，事業成功與否，往往取決於做事的決心和熱情的工作態度。在工作面前，擁有非成功不可的決心和滿腔的工作熱情，困難往往迎刃而解，終將取得優良的工作業績。

哈南．霍華把一個沒有意思的工作變得很有意思，以致完全改變了他的生活。他當時的工作的確沒有意思，就是在高中的福利社裡洗盤子、擦櫃台、賣冰淇淋，而別的男孩子們卻在玩球或是跟女孩子約會。可以想像，他是不喜歡這個工作的，但又不能不做。於是，他便利用這個機會來研究冰淇淋是怎樣做成的，裡面有些什麼化學成分。這使他成了高中化學課程的奇才。他對食物化學特別有興趣，後來便進了麻薩諸塞州州立大學，專門研究食物與營養，最後還贏得了紐約可可公司舉辦的可可和巧克力應用論文比賽的頭等獎。

IBM前行銷總裁巴克．羅傑斯曾說過：「我們不能把工作看作是為了五斗米折腰的事情，我們必須從工作中獲得更多的意義才行。」

幾年之前，年輕時的卡騰堡真是窮愁潦倒，分文不名，好不容易找到一份推銷立體觀測鏡的差事。這種立體觀測鏡就是用兩張相同的照片，透過觀測鏡的兩個鏡頭，疊合成一張立體照片。卡騰堡開始在巴黎推銷這個玩意兒的時候，覺得一點意思也沒有，每天昏昏沉沉地過日子。但是，他慢慢地改變了這種看法，他覺得自己一定能把這個工作做好。於是，每天出門前，他總是對著鏡子給自己打氣說：「既然你非做不可，幹嘛不做得高興一些呢?當你按人家的門鈴時，為什麼不假想自己是一名出色的演員，很多觀眾都饒有興趣地看著你呢？」就這樣，在卡騰堡的努力下，他成了一名出色的推銷員。

只有踏實地工作，才能取得成績。但是在現實生活中，你往往發現抱怨者大都是某個領域的失業者。當你和這些失業者交流時，你會發現，這些人對原有的工作充滿了抱怨、不滿和譴責，要麼怪環境條件不夠好，要麼怪老闆有眼無珠、不識才，總之牢騷一大堆。抱怨的惡習使他們丟失了責任感和使命感，只對尋找不利因素感興趣，這使自己發展的道路越走越窄。以至於到後來，他們與公司格格不入，變得不再有用，只好被迫離開。

有人說，愛抱怨的人從來都是行動中的侏儒。自以爲「懷才不遇」的人的普遍症狀是：滿腹牢騷、不停抱怨，激烈地批評別人，時常表現出一副鬱鬱不得志的樣子。我們不否認，這類人中確有懷才不遇之士，客觀環境無法與之適應，但爲了生計，他們又不得不屈就自己，所以他們生活或工作得十分痛苦——慢慢就養成了只願動口不願動手的壞習慣。

抱怨是一件很痛苦的事情。與其抱怨工作，不如快樂地工作。只有不抱怨工作的人，才是最快樂的人；只有不抱怨工作的員工，才是最優秀的員工。我們得從工作當中找到樂趣、尊嚴、成就感以及和諧的人際關係，這是我們作爲職場人士必須要做的事。

第八章
成功心理學——樹立鴻鵠之志，激發無限的潛能

人人都想成功，但是成功是有方法的，我們現在所處的是一個人才濟濟的時代，如何在這樣一個風雲時代成為成功的人？這裡，做人心理學之成功心理學將為你展示成功的最佳方法。

富蘭克林說：「你真的能成為你想像中的那種人。如果你認為自己是什麼樣的人，你就能成為什麼樣的人。」英國諺語說：「對一艘盲目航行的船來說，任何方向的風都是逆風。」沒有鴻鵠之志，你將沒有前進的動力，沒有想成功的迫切願望，你就沒有激發潛能的可能。想要成功，態度決定一切。

（一）印刻效應，寧做雞頭，不做鳳尾

一九一〇年，德國習性學家海因羅特在實驗過程中發現了一個十分有趣的現象：剛剛破殼而出的小鵝，會本能地跟在它第一眼看到的自己的母親後邊。但是，如果它第一眼看到的不是自己的母親，而是其他活動物體，它也會自動地跟隨其後。尤爲重要的是，一旦這小鵝形成對某個物體的追隨反應，它就不可能再對其他物體形成追隨反應。用專業術語來說，這種追隨反應的形成是不可逆的，而用通俗的語言來說，就是它只承認第一，無視第二。這種行爲後來被另一位德國行爲學家洛倫茲稱之爲「印刻效應」。

「印刻效應」現象，不僅存在於低等動物之中，同樣存在於人類中。比如，嬰兒對電視就能產生一種負面的印刻效應。一個嬰兒在耳朵基本上能聽到聲音，眼睛也能看見東西的情形下，如果每天給他看五、六個小時的電視，那麼到了兩、三歲的時候，孩子通常會有以下的表現：喜歡電視中的音樂、對母親的聲音反應遲鈍，不能專心注視母親的視線、無法安靜、對事物不敏感等等。即使母親給孩子耐心地說話或唱歌，孩子也會興致索然，無動於衷。這些表現說明孩子已經對電視產生了「印刻效應」，如果不加以及時糾正，就很容易出現更加嚴重的心理障礙。

幾乎所有的心理學家和社會學家都知道，人類對最初接受的資訊和最初接觸的人都留有深刻的印象，他們用「首因效應」等概念來表示人類在接受資訊時的這種特徵。

於是我們發現，人類對任何堪稱「第一」的事物都具有天生的興趣並有著極強的記憶能力。不經意地你就能列出許許多多的第一，如世界第一高峰，中國第一個皇帝，美國第一個總統，第一個登上月球的人等等，可是緊隨其後的第二呢？你可能就說不上幾個。看來，人類確實像那隻小鵝一樣，承認第一，卻無視第二。

在生活中，人同樣對第一情有獨鍾，你會記住第一任老師；第一天上班；初戀等等，但對第二就沒有什麼深刻的印象。

「印刻效應」給我們的啟示就是：寧做雞頭，不做鳳尾。與其活在別人的陰影下，不如去另闢天地。當然這要看個人的能力而定，你具備這樣的能力，才能有機會成為你想成為的第一。

美國通用電氣公司前任CEO傑克·韋爾奇就深諳「印刻效應」之道，並應用於企業經營之中。韋爾奇在上任的第一次年會上，就提出了「要做第一，只要不是第一，第二的部門就關門！」他還告訴員工：你願意在第一流的公司工作，還是在不入流的公司鬼混？他寧可把這些失去競爭力的部門賣給對手，也不願意留在通用公司苟延殘喘。對於韋爾奇來說，通用電氣要是不能做第一，還不如讓員工選擇到其他第一、第二的公司工作。由於韋爾奇堅定的領導信念，通用電氣在二十世紀的最後二十年裡，在經濟不景氣的嚴峻形勢下，將通用電氣經營成了美國最成功的企業。

正如高爾基所說，一個人追求的目標越高，他的才力就發展得越快，對社會就越有益。有誰的人生是注定不可以改變的？你想成爲什麼樣的人，都是靠你自己去努力、去拚搏，你想成爲什麼樣的人，就把那個人當做自己奮鬥的目標，當成自己未來成功的榜樣，成爲這個榜樣的力量是你最好的前進動力，是你成功最好的積極因素。要敢於想成爲第一，然後才會有實際行動上的奮力實施，這樣你離目標就會越來越近，終有一天你會成爲目標中的第一。

要做到第一，就必須樹立成爲第一的遠見，這樣才能接近第一。起碼你可以向他們靠近，而不是原來那種遙不可及的感覺。有時候，不起眼的小事和不經意道出的話語卻有著極其重要的意義。「我不會」只會落得一事無成的結局，而「我盡力去做」卻有意想不到的收穫。這種說法經過了無數事例的證明。不過話說回來，無論是誰，都必須首先具備成功所需的條件和能力。

（二）誓做翱翔之鷹，不做井底之蛙

相信大家都知道井底之蛙的寓言故事。說的是井底下有一隻青蛙，它說，天就像井口那麼大。因爲它從來沒有想到也不可能跳出井來看一看，所以它的見識只能是井底之蛙的見識。但是作爲當今時代的社會人，我們要做的是雄鷹而不是井底之蛙。只有心無止境，才能開拓和創造出廣闊的天地。雄鷹志在雲天，所以才能翺翔在萬里高空。成功心理學教會我們要誓做翺翔之鷹，不做井底之蛙。

大雁爲了心中嚮往的綠洲，從南方飛到北方，可是麻雀們就飛不遠了，只能圍著家門轉。燕雀安知鴻鵠之志哉？政治家們憑著他們高遠的志向，開拓出了宏闊的人生境界；科學家們憑藉翺翔的翅膀飛向了科學的尖端，爲整個人類的進程開創了新紀元；人類也憑藉想像的翅膀，不但飛上了天，而且飛向了太空，飛向了天外，飛上了月球。

要想成爲一個偉大的人物，必須從小樹立一個遠大的理想。志存高遠，方能做出豐功偉業。如果沒有遠大的目標，永遠只能做一個井底之蛙，只能空守著井口的一片天空，沒有絲毫的發展空間。

法國啓蒙思想家、文學家、哲學家伏爾泰，是十八世紀法國啓蒙運動的推手，被譽爲「法蘭西思想之王」、「法蘭西最優秀的詩人」、「歐洲的良心」。

伏爾泰出生在巴黎一個富裕的中產階級家庭，父親是一位法律公證人，母親來自普瓦圖省的一個貴族家庭。伏爾泰在高中畢業後便有從文的願望，但他的父親希望他讀法律。伏爾泰假裝在巴黎爲一名律師擔任助手，實際上大多數時間用在創作諷刺詩上。這件事很快被他父親發現，便將他送到外省（巴黎地區之外的地方）讀法律。然而，伏爾泰堅持寫作論文和做一些不太講究考證的歷史研究。伏爾泰的智慧很快就使他受到不少貴族家庭的歡迎。他的早期文學作品對王室及天主教會進行了辛辣的諷刺，被公認爲是啓蒙時代最重要的哲學家，受到法國大多數人民的愛戴。

伏爾泰後期的成功與其從小立志成爲文學家有很大的關係，正是這種遠大的志向，一直激勵著他寧可背叛父親也要執著追求自己的鴻鵠之志，最終成功地實現了理想，成爲歷史上著名的哲學思想之鷹。

在人類歷史上，不但是政治家有誓做雄鷹的遠大志向，科學家也同樣如此。英國傑出的物理學家法拉第就是一例。他確定了電磁感應的基本定律，從而奠定了現代電工學的基礎。此外，他還有磁致光效應等多項重大發現。但這位被恩格斯譽爲「到現在爲止最大的電學家」，連小學都沒有上過。他小時候一邊賣報，一邊識字。後來又自學了電學、力學和化學知識。他立志要投身於科學事業，給赫赫有名的大衛教授寫信表示：「極願逃出商界入於科學界，因爲據我想像，科學能使人高尚而可親。」這時，法拉第是一個裝訂圖書公司的學徒工。試問，沒有這樣崇高而遠大的理想，法拉第能跨入世界第一流科學家的行列嗎？

心有多高，天就會有多高。不怕做不到，就怕想不到。這是一個開放的時代，也是一個急劇變化的年代，它帶給我們的是一個充滿機遇的廣闊平台和一個讓我們振翅翱翔的無限天地。

人和人都是平等的，但爲什麼有的人能夠在有限的生命中取得他人所沒有的成就？關鍵在於自身的心力是否夠大。心力大眼界高的人才能夠立誓做雄鷹，才能夠在廣闊天地間勇敢翱翔，而如果心力弱眼界低，那勢必會掉入流俗，成爲芸芸眾生中普通的一員，當然也做不出超眾的成就，一生只能平平淡淡地度過。

每一個人都不能妄自菲薄，每一個人都有成爲偉人、名人的潛在能力，這些都在於我們的立志。你立志想成爲什麼，那就將成爲什麼，而最高遠的志向就是做一個翱翔的雄鷹。時代需要我們的雄鷹之志，時代需要我們能夠振翅翱翔，在風雲變幻的際會中成就自己的理想，成就一番偉業。

（三）明確目標，做聰明的「前行者」

要想做一個成功的人，不但要有長遠的目標，還要有短期的目標。如果你想成功，你最好給自己設立準確的人生目標，有了準確的方向，你前進的步伐會更堅定、更準確。每一個短期目標的完成就是在累積完成長遠目標的成績，這樣也就能自然地完成整個的人生旅途。作為一個聰明的現代人，要想輕鬆實現我們人生的目標，就要學會運用成功心理學，明確目標，做聰明的「跳蚤」。

法國有位貧窮的年輕人，經過十年的艱苦奮鬥，終於成為媒體大亨，躋身於法國五十名大富翁之列。一九九八年他去世時，將自己的遺囑刊登在當地報紙上，說：「我也曾是窮人，知道『窮人最缺少的是什麼』的人，將得到一百萬法郎的獎賞。」幾乎有二萬人爭先恐後地寄來了自己的答案。答案五花八門，大部分的人認為，窮人最缺少的是金錢。另一部分人認為，窮人最缺少的是機會、技能……但沒有人答對。一年後，他的律師公布了答案：「窮人最缺少的是成為富人的野心！」這個謎底震動了歐美，幾乎所有的富人都予以認可，說出了自己成為富人的關鍵所在。這裡說的「野心」，準確地說，應該是我們常講的「雄心壯志」。我們難以設想，一個心志不高的人，一個沒有遠大目標的人，連一張藍圖都沒有的人，能夠創造出什麼奇蹟。

你給自己定下目標之後，目標就在兩個方面起作用：它既是努力的依據，也是對你的鞭策。目標給了你一個看得著的射擊靶，隨著你努力實現這些目標，你就會有成就感。對許多人來說，制訂和實現目標就像一場比賽，隨著時間的推移，你實現一個又一個的目標，這時，你的思想方式和工作方式又會漸漸改變。

最重要的是，你的目標必須是具體的，可以實現的。如果計畫不具體，就無法衡量目標是否能實現，那會降低你的積極性。因爲向目標邁進是動力的泉源，如果你無法知道自己向目標前進了多少，你就會洩氣，甚至放棄。所以，成功心理學告訴我們，要做最聰明的跳蚤，用準確的目光測定實際可行的目標。如果人生路上的目標不清晰、不準確，就會影響你邁向成功人生的步伐。這裡有一個真實的例子，說明一個人若看不到自己的目標會有怎樣的結果。

一九五二年七月四日清晨，加利福尼亞海岸籠罩在濃霧中。在海岸以西二十一英里的卡塔林納島上，一個三十四歲的女人涉水下到太平洋中，開始向加州海岸游過去。要是成功了，她就是第一個游過這個海峽的婦女，這名婦女叫費羅倫絲·查德威克。在此之前，她是游過英吉利海峽的第一個婦女。

那天早晨，海水凍得她身體發麻，霧很大，她連護送她的船都幾乎看不到。時間一個鐘頭一個鐘頭地過去，千千萬萬的人在電視上看著。有幾次，鯊魚靠近了她，被人開槍嚇跑。她仍然在游。在以往這類渡海游泳中，最大問題不是疲勞，而是刺骨的水溫。

十五個鐘頭之後，她又累又凍。她知道自己不能再游了，就叫人拉她上船。她的母親和教練在另一條船上。他們都告訴她海岸很近了，叫她不要放棄。但她朝加州海岸望去，除了濃霧什麼也看不到。幾十分鐘之後，從她出發算起十五個鐘頭又五十五分鐘之後，人們把她拉上了船。又過了幾個鐘頭，她漸漸覺得暖和多了，這時卻開始感到失敗的打擊，她不假思索地對記者說：「說實在的，我不是爲自己找藉口，如果當時能看見陸地，也許我能堅持下來。」人們拉她上船的地點，離加州海岸只有半英里。後來她說，令她半途而廢的不是疲勞，也不是寒冷，而是因爲她在濃霧中看不到目標。

查德威克雖然是個游泳好手，但也需要看見目標才能鼓足幹勁完成她有能力完成的任務。因此，當你規劃自己的成功時，千萬別低估了制訂可測目標的重要性。你的目標越準確，就能越容易地達到目標。

當心靈有了明確的指引，就能夠不斷地瞄準和修正，以達到它所追求的目標。

若是心靈沒有一個明確的目標，精力就會虛耗，猶如一個人雖持有性能最佳的電鋸，卻不知在森林中要做什麼事。我們每個人一定都希望自己能做那個最聰明的跳蚤，那就需要運用成功心理學準確地目測目標，完成我們人生路上每一個可以實現的理想。

（四）行動是實現目標的唯一方式

三個旅行者徒步穿越喜馬拉雅山，他們一邊走一邊談論一堂勵志課上講到的凡事必須付諸行動的重要性。他們談得津津有味，以至於沒有意識到天太晚了。等到饑餓時，才發現僅有的食物就是一塊麵包。

這幾個旅行者決定不討論誰該吃這塊麵包，他們要把這個問題交給老天來決定。這天晚上，他們在祈禱聲中入睡，希望老天能發一個信號過來，指示誰能享用這份食物。

第二天早晨，三個人在太陽升起時醒來，又在一起談開了：

「我做了一個夢，」第一個旅行者說，「夢中我到了一個從未去過的地方，享受了有生以來我一直孜孜以求而從未得到的平靜與和諧。在那個樂園裡面，一個長著長長鬍鬚的智者對我說：『你是我選擇的人，你從不追求快樂，總是否定一切。為了證明我對你的支持，我想讓你去品嚐這塊麵包。』」

「真奇怪，」第二個旅行者說，「在我的夢裡，我看到了自己神聖的過去和光輝的未來。當我凝視這即將到來的美好時，一個智者出現在我面前，說：『你比你的朋友更需要食物，因為你要領導許多人，需要力量和能量。』」

然後，第三個旅行者說：「在我的夢裡，我什麼都沒有看見，哪兒也沒有去，也沒有看見智者。但是，在夜晚的某個時候，我突然醒來，吃掉了這塊麵包。」

其他兩位聽後非常憤怒：「為什麼你在作出這項自私的決定時不叫醒我們呢？」

「我怎麼能做到？你們倆都走得那麼遠，找到了大師，又發現了如此神聖的東西。昨天我們還在討論勵志課上學到的要採取行動的重要性呢，只是對我來說，老天的行動太快了，在我餓得要死時及時叫醒了我。」

三個旅行者誰都理解行動的重要性，並且對行動重要性的討論幾近癡迷，廢寢忘食。可是真正實踐起來的時候，有兩個旅行者喪失了高談闊論時的神采，而是在那靜靜地等待，只有一個人實踐了自己熟知的理論。的確，心動不如行動，沒有行動，任何想法都會撲空。可以說，行動是保證一個人達成目標的有效工具。擁有自己的夢想並不難，可是，真正能把夢想變為目標並付諸行動的人真的是很少。

古時候，有兄弟兩個人，他們的箭法都很好。一天，他們兩人帶著弓箭出去打獵，正好天空飛過一群大雁，兄弟兩人看到後，哥哥便說：「等射下來後，回去把大雁蒸著吃。」弟弟不同意，他打斷了哥哥的話說：「不行，蒸了不好吃，要燒了吃。」於是兩個人便爭論起來，這時候，走過來一位長者，兄弟兩人便請長者評理。長者說，等你們把大雁射下來以後再商量如何吃不好嗎？兄弟兩人一想覺得有道理，可是等他們明白過來的時候，大雁早已飛走了。

從這個故事中，我們可以明白這樣一個道理：一旦你堅定了信念，接下來就趕緊行動起來。這會使你前行的車輪運轉起來，並創造你所需要的必要動力。

一位演講家曾經說過，說空話只能導致你一事無成，要養成行動大於言論的習慣，那麼即使是再艱難、再遠大的目標也是能夠實現的。

無論是任何目標，如果不去落實，永遠只能是空想。成功在於意念，更在於行動。制訂目標是爲了達到目標，目標制訂好之後，就要付諸行動去實現它。如果不化目標爲行動，那麼所制訂的目標就成了毫無意義的東西。

演講大師齊格勒講了一個事實：世界上牽引力最大的火車頭停在鐵軌上，為了防滑，只需在它的八個驅動輪前面塞一塊一英寸見方的木塊，這個龐然大物就無法動彈。然而，一旦這個巨型火車頭開始啟動，小小的木塊就再也擋不住它了。當它的時速達到一百英里時，一堵五英尺厚的鋼筋混凝土牆，也能輕而易舉地被它撞穿。看，這就是行動的力量。

零，只有和實數在一起才有意義；思想，只有和行動在一起才能放出光芒。試想，如果牛頓看見蘋果落地而沒有行動起來思考「蘋果爲什麼會落地」這個問題，他能發現萬有引力嗎？如果瓦特看見水蒸氣把茶壺蓋打開而沒有行動起來，他能夠發明蒸汽機嗎？不能，「想」要靠「做」才能展現其實在意義。

在人的一生中，總有著種種的憧憬、種種的理想、種種的計畫。假如我們能夠將一切的憧憬都抓住，那麼一切理想都會實現。將一切的計畫都執行，那麼我們事業上的成就，真不知會怎樣偉大。然而，我們總是有憧憬而不去抓住，有理想而不去實現，有計畫而不去執行，終於坐視各種憧憬、理想、計畫消逝。

也許我們早已爲自己的未來勾畫了一個美好的藍圖，但它同時也給我們帶來了煩惱。我們感到自己遲遲不能將計畫付諸實施，而總是在尋找更好的機會，或者常常對自己說：留著明天再做。可是，任何一個偉大的計畫，如果不去行動，就像只有設計圖紙而沒有蓋起來的房子一樣，只能是一個空中樓閣。

你要知道，目標再偉大，如果不去落實，永遠只能是空想。成功在於意念，更在於行動。如果不化目標為行動，那麼所制訂的目標就成了毫無意義的東西。

（五）對自己由肯定到否定的循環就是成功循環

自我肯定是每個人天生的權利，但是自我否定卻又需要很大的勇氣。每一個成功的人的一生都不斷地經歷著自我肯定與自我否定的循環往復。雖然自我否定是非常痛苦的，但如果沒有不斷的自我否定，就不會有以後的自我肯定，就不會有以後更大的進步，更不會有以後的成功人生了。所以，識人心理學之成功心理學的一個重要準則就是：對自己由肯定到否定的循環就是成功循環。

不斷地否定自己是走向成熟的必要條件，也是成熟的重要表現。否定自己是深刻的思想活動，是出於對自我的認知，而不是妄自菲薄和自輕自賤。否定自己是思考的結果，而不是「觸景生情」。只要你時時地反省和面對自己，你就會時時地否定自己。

認識自己並不容易，否定自己同樣困難，因為人最容易自以為是和固執己見。其實，人們的認識本就淺薄，再加上一切都處在不斷的變化之中，怎麼能不有所改變呢？事物在變化，時代在變化，社會也在變化，這就需要我們不斷地改變自己原來的認識，否定自己曾堅持的東西。

我們知道，愛迪生一生共有一千多項發明創造，有些發明創造已經獲得驚人的成功，他本人也是享有盛名的。但是，他從不沉醉於自己的發明，他無時無刻不向科學的新領域攀登，同時也無時無刻不對自己的發明創造持否定態度而不停地加以改進。他自己說：「我是永不會滿足的。」無休止的鑽研，不停頓的改進，這正是愛迪生的又一個突出特點。

他發明的蓄電池獲得成功後，他便辦了一個蓄電池工廠並大批生產，銷路一直很好。可是過了一個時期，他發現電池有毛病，一時又找不到原因，他就決心要改進電池。但是，改進需要時間，需要精力，同時工廠也要停業，這不僅會降低他發明電池的威信，經濟上也將蒙受很大損失，然而他決然命令工廠即刻閉門停業。

有許多對他的電池比較滿意的人要求繼續增加訂貨，他卻一概不接受；有人在經濟上給他施加壓力，他也毫不畏懼。結果，經他用心改進的電池獲得了比預料還好的成功，很快暢銷各地。他的這種精神，同當時「金玉其外，敗絮其中」，掩飾劣貨的商賈，形成了鮮明的對照，不能不令人尊敬與讚揚。

在他的發明創造中，能夠引起當時社會震驚的，莫過於留聲機了，這也是他的得意發明物。他是耳聾的人，能發明這樣一個發聲的機器已是令人驚訝了。但是，愛迪生在發明它之初，就一改再改。十年過後，他又從架子上的塵埃中把留聲機取下來，決然要改進它。他實實在在地連續工作了五天五夜，才獲得了成功——他僅在留聲機上的發明專利權就超過一百項。

當我們看到今天的留聲機的時候，不要忘記這裡面滲透著愛迪生無數辛勤工作的血汗。愛迪生如果沒有無數次的自我否定，就不會有以後這麼多的自我肯定，就不會有這麼大的發明成就，他用不斷的自我否定精神爲人類創造出了巨大的財富，他由自我肯定到否定的一生就是成功循環的一生。做人成功的心理學不僅僅是表現在外的實際成果，更多的是表現於內在的人格魅力。要想擁有一個成功的人生，就要在不斷的自我肯定與否定中成功循環。

自我否定是一種手段，一種方法，更一種是動力。自我否定的發展觀是一種以自我否定爲動力的社會進化思想，其內涵是對自己不足的否定。否定自己的不足，即是對自我的完善，完善自己，也就實現了自我否定的發展，就能取得更大的成就。

能夠正視自己的不足，並勇於去改正，這顯現了自己的積極、勇氣、樂觀和智慧，因而又是對自己最大的肯定。在此過程中，我們需要否定自己的幼稚、差錯和無知，這是任何人都難以避免的東西，我們無須為此感到羞辱。然而，我們卻能透過它建立起支撐我們人生成功的內在素質，這也是建立自信的根本。

實際上，人要想建立起自信，必須先悅納自我，看到自己的長處和優勢，相信自己能夠實現自我。在此基礎上積極改變，而後積極實踐，自我改進，克服不足，提昇自我，這樣優點便會越來越多，缺點會越來越少，或對你人生的影響越來越弱，相當於在更高的層次上肯定了自我。如果對哲學上的否定之否定定律反其道而用之，那就可簡單概括為我們關於克服自卑的否定之肯定定律：自我肯定——自我否定——自我肯定。

自我肯定是一個人自信心的內在表現。每個人要想成功地實現理想，必須要經歷不斷地自我肯定、不斷地超越自我的每一個環節。肯定自我將會使自己有著巨大的前進動力，當在人生之路上走錯路時，也要勇於自我否定。自我否定是下一個自我肯定的台階，有了自我否定，方能有下一步成功中的自我肯定。

由自我肯定到自我否定是一個人成熟的標誌，也是一個人自信的表現。人只有具有真正的自信心才敢於自我否定，而在不斷的自我否定中完成一次次的自我肯定，從而在自我肯定與自我否定的循環中成功做人，成就完美的人生。

（六）樹立標桿，將對手作為學習榜樣

在我們所生活的社會群體中，一定會遇到自己的競爭對手。當遇到競爭對手時，最聰明的做法是怎樣的呢？在競爭中，面對強大的對手，有的人視競爭對手爲敵人，老死不相往來，甚至還有的人拚命尋找競爭對手的致命弱點，千方百計詆毀對方的聲譽，不擇手段要爭奪地盤和市場，這種「競爭」的結果必然是兩敗俱傷。

成功心理學告訴我們，要樹立標桿，將對手作為學習的榜樣。

優秀的競爭對手是標桿，向對手學習，可以事半功倍。善於學習競爭對手的人，必然是社會中的精英，更是成功做人的典範。

在職場中，競爭對手是對自己最有影響力的人。設想一下，在百米賽場上，你是否能跑出好成績，最主要取決於什麼人和你一起站在起跑線上。所以，爲了增加社會競爭力，我們必須將對手視爲榜樣。

馬雲曾有一句經典之語：「只有心中無敵，才能天下無敵！」在馬雲的眼中從來沒有敵人，因爲他把每一個對手都當做了榜樣，去學習對手的優點，最後自然天下無敵了。其實，這是最高明的打擊對手的方法。試想，當競爭對手在你面前沒有任何優勢的

時候，他還會成為你的對手嗎？顯然是不可能的。所以，成功者會把競爭對手當成是自己最好的老師，他們從學習對手的成功經驗中幫助自己更快地走向成功。

在當今激烈競爭的人才社會，學習並超越競爭對手是每一個社會人的必修課。當競爭對手在才學、能力、實力等方面優於你的時候，我們就要研究對方為什麼能做到這些，其中必有高招。把這些招數弄清楚，這就是學習。可以說，沒有競爭就沒有進步，而沒有向競爭對手學習，就根本談不上去競爭。

愛看武俠小說的人都知道，一個武林高手最寂寞的是沒有對手，從而陷入「獨孤求敗」的境地。因為沒有合適的對手，他就看不清自己武功的缺陷；沒有合適的對手，也就無法激發其最大的生命潛能。正所謂「天外有天，人外有人」，在沒有對象去比較的時候，你會感覺自己是最好的。可當你遇到對手時，才能發現原來自己要做的努力還很多。

競爭對手是面鏡子，會毫不留情地照出我們的缺點，幫助我們更好地認識自己，完善自我，把我們提昇到一個新的境界。正所謂：「以銅為鑑，可以正衣冠；以人為鑑，可以明得失。」說的就是這個道理。由此可知，競爭對手並不是我們前進道路上的障礙，相反，他可以幫助我們看清楚自己的優劣勢。由此，我們就可以知道自己應該規避哪些問題，應該彌補哪些不足，並且我們也找到了學習的榜樣和超越的目標，不斷地用他們的好方法來革新自己，達到我們的計畫目標。所以，懷著一顆感恩的心去看待競爭對手吧，因爲他們可以讓我們獲得成長，讓我們快速地完善自我，快速地成功。

日本在二戰以後，勤奮不懈地向西方企業特別是美國企業學習，在諸多方面模仿美國企業的管理、行銷等操作方法，使得日本國內迅速崛起一批世界級的企業，如夏普、富士等，都是這一學習浪潮的直接受益者。

以日本夏普公司的崛起爲例。一九六二年，英國的隆姆洛克公司和美國的威爾公司幾乎同時宣布了一項新發明——電腦。當時，大型電腦發展得很快，在商業、科學技術方面迫切需要利用電腦技術來解決各種問題。但是大型電腦價格偏高，結構複雜，使用不便，而市場上已有的真空管電腦又不能滿足新的要求。於是，一種小型、靈活、便宜的電腦出現了，它填補了大型電腦與大型超級電腦的「空白」，但這個發明當時並沒有引起美國企業界的重視。

美國電動機械式電腦公司中的保守思想相當嚴重，不少技術權威畢生從事電腦的研究和改進，使之達到了發展的頂峰，然而這些足以自豪的成就反而使他們目光遲鈍了。恰巧威爾公司及其他一些公司在發展電腦的技術方面也遇到了很大困難，使其他公司相信電腦沒有什麼前途了。這種失策終於使日本的夏普公司捷足先登。
於是，夏普公司從美國引進樣機，一九六四年仿製出來，同年九月開始向世界各地推銷。三年後採用MOS大型積體電路及數位管，使電腦的性能有了很大改進，價格降低了一半，一時雄踞世界市場。至一九七一年，在美國電腦市場上，日本產品占百分之八十以上。
從以上的事例我們可以看出，競爭對手其實是自己最大的財富，有競爭對手這現成的學習榜樣，可以免去我們很多的研發精力。直接把競爭對手作為標桿、作為目標，我們照著這個標桿和目標追趕超越，就會很輕鬆。
學習對手的成功之處，學習對手的各個優勢，向對手學習，是個人胸懷的一種表現，也是智慧的展現。將對手中的優勝之處拿來學習，很快你就會擁有對手的優勢。
所以，智慧地做人，智慧地對待競爭對手就是成功心理學告訴我們的：樹立標桿，將對手作為學習榜樣。

（七）不要貼上「自我設限」的標籤

有人曾把一隻跳蚤放在一個瓶子裡，再在瓶子上面加蓋一片玻璃。這時，跳蚤因為環境的改變，要擺脫瓶子的束縛，就會設法跳出這個瓶子。開始時，它跳上去因為碰到了玻璃而掉下來，它就不斷地調整跳的高度，最後它不再碰撞玻璃了，但是儘管它不斷地跳啊跳，它也出不了這個瓶子。相反，如果把它放在開口的瓶子裡，不論高低，它總能準確無誤地輕輕一躍而出。是什麼導致了這種情況的發生呢？

事實上，這是跳蚤給自己設置了限度。

與跳蚤一樣，我們人類也會給自己設限，而「跳蚤人生」留給我們的只有無限的遺憾。人們所說的庸人缺少自信心，他們的心理高度是比較低的。他們認爲自己是非常普通的社會一分子，不會像一些名人、偉人，甚至一些當紅歌星、影星、足壇明星等一樣，甚至他們想都沒有想就給自己下了定論。這種想法扼殺了萌芽中的一顆顆種子，降低了自己的心理高度，這就爲以後的碌碌人生埋下了伏筆。這樣，一個個「人才」因此而喪失。

自我設限是非常嚴重的一種心理盲點。活力無限的我們，一定要理解「年輕無極限」的深義，不要自我設限，這樣才能釋放無限的潛能。

經常給自己設限的人，他們認爲別人（特別是名人、偉人）是不可超越的，自己不如他們，自己是沒有資本和他們相比的。但是有一點他們都忽略了，一個偉人，一個天才也是從一個普通人開始的，不過他們透過自己的努力，能夠超越他人，超越自我；他們敢於追求，敢於超越。偉人們不會因爲自己某一方面不如別人而否定自己，降低自己的追求。一般說來，他們不會輕易地改變自己的決定，除非經過自己的實踐後證實確實行不通的。因爲他們相信一切沒有定論，今天的真理可能到了明天就成了謬論。這一點我們也知道一些例子，在哥白尼提出日心說之前，地心說是真理，但是它經不起實踐的考驗，因爲實踐是檢驗真理正確與否的唯一標準。

大多數人總愛「自我設限」，在他們的思維習慣裡有太多的「不可能」——許多事情還沒有動手做，自己先想當然地否決了，自然偃旗息鼓、不戰自敗，這就是許多人不能成功的原因所在。

其實人的大腦是有很大潛力可挖的。據資料上講，一般正常人的大腦由一千億個神經細胞組成，可以儲存一千萬億個資訊公司，而一個人一生中能夠利用的不過百分之十左右。據說愛因斯坦用得最多，也就用了百分之十七。人的體能也一樣，這就是一代代

的運動員在同一運動項目上一次次地超越別人，一次次地打破世界紀錄的原因。

《論語》裡有這麼一句話，冉求曰：「非不說子之道，力不足也。」子曰：「力不足者，中道而廢，今女畫。」翻譯過來即，冉求說：「我並非不喜歡您的學說，而是我的力量不夠。」孔子說：「如果真的力量不夠是走到一半就再也走不動了，現在你卻是爲自己劃定了停止的界限。」這就是孔子教育學生不要「自我設限」的典型語錄。

如果你覺得低人一等，那是你自己決定的，你本來並非如此。自我設限思想把我們放在一個不屬於我們的低水準上，而事實上，我們應該遠遠高於那個水準。

如果我們能夠以積極的心態去面對每一項工作，就可以讓自己的心靈引擎中沸騰起無窮的能量，繼而推動自己的進取心和創新意識。這樣，即使在平凡的工作職位上，也會創造出不平凡的業績。

無論是知識精英還是平民百姓，都不應該對自己的工作持有消極態度。如果有誰認爲自己的工作是卑賤的，他們的工作便會每天落後別人一點點，終有一天，會被別人徹底地抛在身後。

只有做事積極，一絲不苟，才能夠在工作的過程中發現問題、掌握問題，並保證自己時時刻刻都有所進步。

作爲一個社會人，我們完全沒有必要急於承認別人就是比自己好，而要認爲這些都只是暫時的，現在的一切並不能代表以後，這樣我們就能夠非常平靜地爲人處世了。

總之要記住，我們不要自我設限，不能知難而退，因爲自我設限是一個挑戰者萬萬不能有的。

競爭對手其實是自己最大的財富

健康養生小百科好書推薦

圖解特效養生36大穴

NT：300（附DVD）

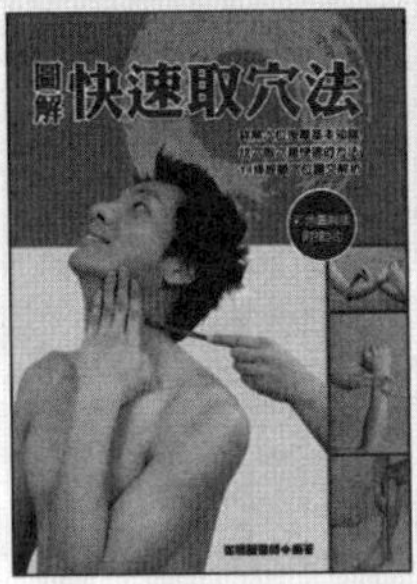

圖解快速取穴法

NT：300（附DVD）

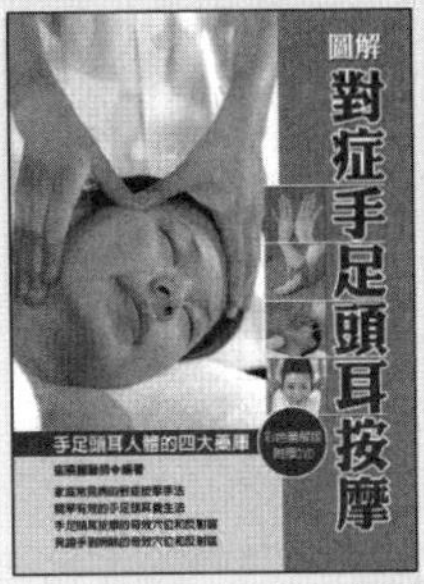

圖解對症手足頭耳按摩

NT：300（附DVD）

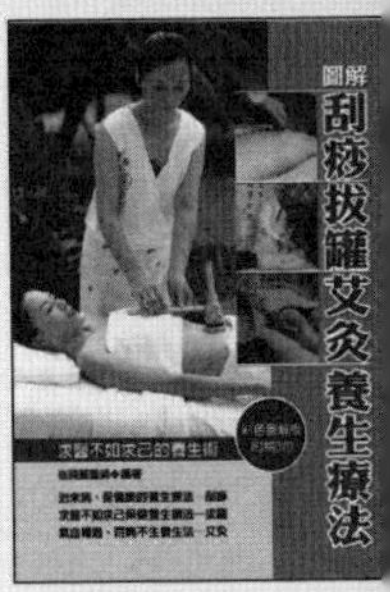

圖解刮痧拔罐艾灸養生療法

NT：300（附DVD）

一味中藥補養全家

NT：280

本草綱目食物養生圖鑑

NT：300

選對中藥養好身

NT：300

餐桌上的抗癌食品

NT：280

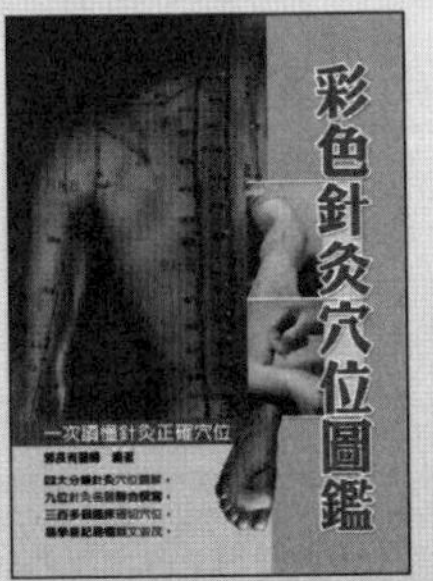

彩色針灸穴位圖鑑

NT：280

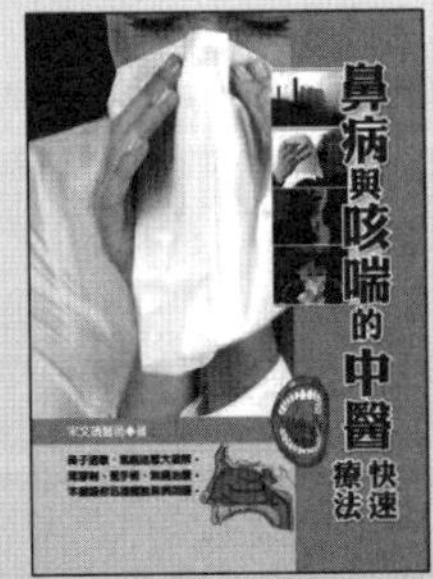

鼻病與咳喘的中醫快速療法

NT：300

拍拍打打養五臟

NT：300

五色食物養五臟

NT：280

心理勵志小百科好書推薦

全世界都在用的80個
關鍵思維NT：280

學會寬容
NT：280

用幽默化解沉默
NT：280

學會包容
NT：280

引爆潛能
NT：280

學會逆向思考
NT：280

全世界都在用的智慧
定律 NT：300

人生三思
NT：270

陌生開發心理戰
NT：270

人生三談
NT：270

全世界都在學的逆境
智商NT：280

引爆成功的資本
NT：280

NOTE

國家圖書館出版品預行編目(CIP)資料

活用心理學：99%的人絕對會改變現況 / 林建華作. -- 初版. -- 臺北市：華志文化, 2017.02
面； 公分. -- (全方位心理叢書；22)
ISBN 978-986-5636-76-0(平裝)
1.生活指導 2.成功法

177.2 105024876

華志文化事業有限公司
系列／全方位心理叢書C322
書名／活用心理學：99%的人絕對會改變現況

作者 林建華
執行編輯 楊雅婷
美術編輯 簡煜哲
封面設計 王志強
文字校對 陳欣欣
版型設計 張叔貞
總編輯 黃志中
社長 楊凱翔
出版者 華志文化事業有限公司
電子信箱 huachihbook@yahoo.com.tw
地址 116台北市文山區興隆路四段九十六巷三弄六號四樓
電話 02-22341779
印製排版 辰皓國際出版製作有限公司

總經銷商 旭昇圖書有限公司
地址 235新北市中和區中山路二段三五二號二樓
電話 02-22451480
傳真 02-22451479
郵政劃撥 戶名：旭昇圖書有限公司（帳號：12935041）

出版日期 西元二〇一七年二月初版第一刷
售價 二二〇元

華志文化

華志文化

華志文化

華志文化